伝説と史実のはざま

――郷土史と考古学

比田井克仁　著

雄山閣

江古寺跡と柱穴内出土白磁四耳壺（第Ⅱ章参照）（報告書より転載）

城山居館跡土塁断面：黒色土は中世生活面。堀の排土で土塁を構築している様子がよくわかる。（第Ⅳ章参照）（報告書より転載）

城山居館跡居館内部調査区：上方が土塁、中央部にわだち跡、手前は居館中枢部（第Ⅳ章参照）（報告書より転載）

城山居館跡空堀調査区：逆台形の堀の形状がよくわかる。正面右の黄褐色土は土塁崩落土。（第Ⅳ章参照）（報告書より転載）

中世村落遺跡（中野区御嶽遺跡２次調査）
左上：「宗罩」墨書カワラケ（２次調査出土）
右上：黒織部花生（１次調査出土）
左下：天目（２次調査出土）
右下：天目（１次調査出土）
（第Ⅴ章参照）（報告書より転載）

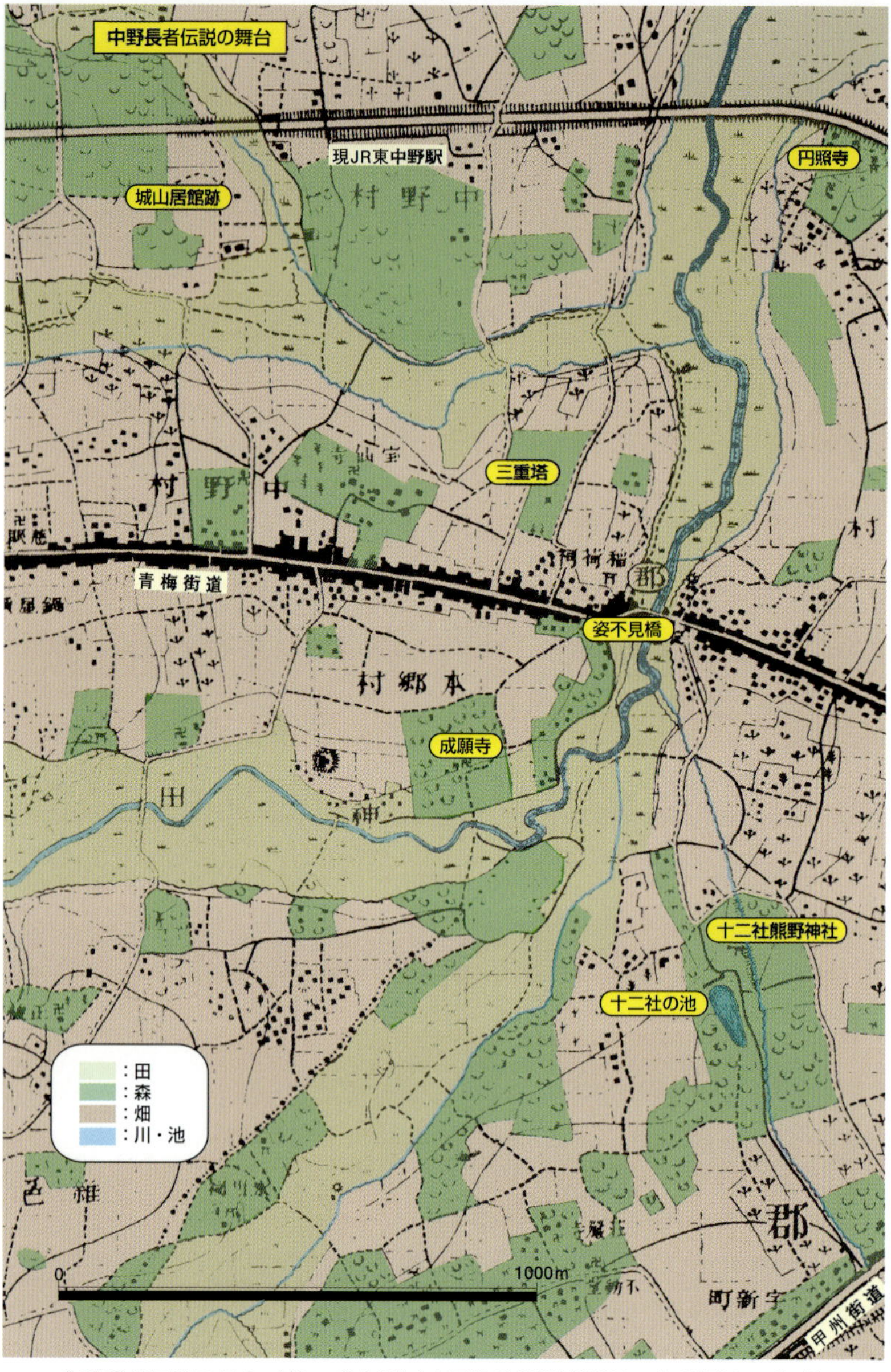

中野長者伝説の舞台（第VI章参照）（帝国陸地測量部明治13年測図より作成）

目次

伝説と史実のはざま――郷土史と考古学――

はじめに

高齢化社会の本格的な到来と永い経済不況は、人々に心の中の「いこい」の重要性を再認識させる要因となった。「いこい」は別な形で取り上げられ、若年層を中心とした新感覚の用語として「いやし」などと呼ばれている。いずれにしても、現代の実利的・科学技術優先社会の中で生まれた、現代人の満たされない何かが「いこい」、特に「いやし」という言い回しに凝縮しているのであろう。そしてそれは、人々の、否我々の心の荒廃を示唆している。

学問の世界でも「産学協同」というテーゼが掲げられ、学問と現実社会の直接的なかかわりをより促進することが標榜されている。しかし、これらに求められている学問とは実社会に必要な科学技術の進歩発展や政治経済に寄与するものであり、医学をはじめとした物理化学系と経済学・法律学を主とする社会科学系のものである。

しかし、さきに示した「いこい」「いやし」という心の問題はこれらの分野だけでカバーできるものではない。それは、文学・演劇・美術・音楽といったもので、携る側からみれば個人の努力と修行そして才能にかかわる分野なのである。本書の内容である、歴史学あるいは文化財の観点などもこのグループに入るものと考えている。

歴史学は、文献史学・民俗学・民族学（文化人類学）・美術史学、そして考古学から成り立つ学問大系である。それらはそれぞれ高度に体系化され、隣接する諸学同士とはいってもなかなかそれが総合され一つのことをマッチングさせた研究は実現していないという現状がある。その中で考古学の場合は地域や時代を含めてその研究範囲は日本のみならず世界全体、時代も人類のはじまりから今日までという、歴史学の分野の中では最も広いこともあり積極的に隣接諸学との連携が試みられている。考古学は遺跡の発掘調査を基本的な方法として論を展開するものであるが、そのはじまりは、古代ギリシャ時代のホメロスの叙事詩を、事実と信じ証明することを試みたシュリーマンにはじまるといってよい。

ホメロスばかりでなく、人類は、文字が生まれ記録が可能となって以来、自らの歴史を記録してきた。わが国でも、古事記・日本書紀が最古の記録として知られている。しかし、その内容は必ずしも新聞のように事実そのものを単純に記録するものではないことは今や誰も知るところである。記録者の立場における事実解釈の相違も大きな部分であるが、口頭伝承を取り入れ、記録しようとするところから、脚色やモチーフの追加が加わり、伝説化・神話化していくことが考えられるのである。それらを見極め、分解整理することが必要であることはいわゆる史料批判として、戦前から津田左右吉の主張するところである。この作業を行なう時、考古学の場合、冷静に、事実を成果として提示し、その証明に挑むことになる。

ところで、地域における歴史解明、郷土史研究が積極的に進められているが、その担い手の主力は、地元の郷土史家の成果によるところが大きい。地域のことを調べようとする人々は多く、筆者も郷土史に興味をもつ人々に、地元から発信するこれらの成果を紹介している。しかし、考古学の成果はこのレベルの郷土史に寄与するところはなかなか難しいようである。これは考古学自体が土器の型式名・年代をはじめとして必要とする基本的知識が他に比べてはるかに多く、それを知らないと遺跡自体をまったく理解できないということが一つあるだろう。

また、発掘調査の密度や面積、内容が必ずしも小地域の郷土史解明に寄与するために都合がよくいかないことがある。つまり、遺跡の研究はある村の郷土史の範囲内でおさまらず、もっと広い地域との比較研究の中からその遺跡の価値評価が位置づけられるという実情があるからである。

また、これについては遺跡の時期によるところも大きい。大きくみれば文献記録の認められる時代とそれ以前ということになろう。旧石器時代や縄文時代については当然、文献記録は存在しないため、考古学の方法の中での研究が主体になるが、古墳・奈良・平安時代以降には、これに加えて、文献記録や伝承といった要素を検討資料に加えることが可能になるのである。したがって、対象となる地域範囲もせばめていくことができる。

これらの性格を知りつつ、より地域に密着した郷土史としての視点の考古学を展開するとしたら文献記録や伝承が豊富な時代にこそ有効性が高くなるものと考えられるのである。そこで、本書ではこれらの情報がよく揃っている中世の東京、武蔵野台地に視点をおいて、地域伝承と考古学をテーマにして、文献史料・地誌・地域伝承（民俗学）そして考古学知見の四要素のコンビネーションをはかり、中世東国の一地域像を復元してみたい。それは端的にいえば「伝承と史実のはざま」への追究ということになろう。

検討にあたっては、武蔵野台地のほぼ中央に位置する、中野区地域を中心に、地域に伝わる伝承と発掘調査の成果を加味して、地名伝承と遺跡からの証明、江古田・沼袋合戦と太田道灌の足跡について、城山居館遺跡とそれを巡る伝承と史実、戦国〜江戸期の変革の中で変質する中世村落の解体について、そして地域に広く伝わる「中野長者伝説」の史的背景と史実について検討していきたい。

なお、筆者は文献史学や民俗学の造詣が深いわけではなく、専攻とする考古学でも中世考古学を専門とするものではないが、専門外の視点から中世考古学を用いて伝説と史実への追究を試みたものと、ご理解いただければ、幸いと思う。

平成一八年一〇月

筆者識

第Ⅰ章　考古学的に見た伝承の時間幅

一　はじめに

現在、私たちは、文献記録によって古い出来事の顚末を知ることができる。これは記録による伝承ということができよう。しかし、文献のない時代、あるいは文字はあっても記録されなかった場合の出来事や記憶はいったいどのくらい長い時間伝承されていくのであろうか。

至近な例としては、柳田國男が述べる「大多数の家々では、よほど物覚えのよい者でも曽祖父母のそのまた親の名までは知っていない。何か特別に好い事か悪い事か、とにかく変わったことでもしておいてくれぬと、その存在がすでにうろんになり、二代や三代はすぐにとりちがえて話をする。」（柳田一九三五）といった、私たちにも実感がある親族に対する感覚についての見解が挙げられるが、そのとおり、曽祖父の名すらわからない家庭も多いことと思う。この曽祖父までの四代は、男子の場合三〇歳で子供をもうけたとしても一二〇年前後ということになろう。

それでは、実際に、いったいどのくらい前のことまでが口伝されているのであろうか、いくつかの例を挙げてみたい。

民俗学の事例からみると、一九八四年に東京都中野区で行なった民間伝承調査の中で（中島一九八七・八九）、明治三六年生まれの男性が、娘時代に江戸の旗本屋敷に奉公に出ていた祖母に聞いた話として、桜田門外の変の時、いつもその場所に出ていた甘酒屋が、事件のあとに姿を消したことを伝えている。当時、この甘酒屋がいなくなったのは、井伊直弼の首を甘酒の釜の中に入れて持って逃げたためだといわれていたらしい。事実、直弼の首は数日間行方不明になっていた事実があり、そのことまでも当時の人々が知っており、いなくなった甘酒屋が加担していたと想像されていたという臨場感あふれる言い伝えである。甘酒屋は単に恐ろしいから屋台を出さなくなったのが本当のところであろう。

また、明治三九年生まれの男性は、武家出身の祖父からの話として、板橋に近藤勇の処刑を見に行った祖父が、当時、武家の身なりをしていた少年だったため、最期の近藤勇の気に留まり、呼び止められ、履いていた下駄をもらって大切にしていたが、いつか他人にもっていかれたという話を聞いている。

明治三七年生まれの男性は、安政の大地震のときに井戸枠が三尺も横に動いた話と、この地震が関東大震災の比でないくらい凄まじかったことを、祖父から伝え聞いている。

これらの年代は安政の大地震が最も古く一八五五年、桜田門外の変が一八六〇年、近藤勇の死が一八六八年ということになり、調査された一九八四年から一一六～一二九年前の事実ということになる。調査では、これ以上、昔のことは伝えられていなく、比較的正確な言い伝えは、やはり祖父の代あたりまでが一応の限界であることを示している。

つまり、これらの調査結果からは、この程度の期間ならば比較的正確な情報は伝承する可能性が高いことを示しているのである。無論これは情報の質や内容によるものであるが、経験則として一つの考え方にはなるだろう。それではこのことについて考古学的に見るとどのようなことが言えるのであろうか、見ていきたい。

二　八世紀初頭の人々の記憶

縄文時代の認識

わが国において、人々が先人の残した過去の文化である遺跡・遺物に触れ合ったことについて、文献に記録された最古のものは、八世紀の『常陸風土記』によるものである。

それによれば、那珂郡の条に「平津の驛屋の西一二里に岡あり。名を大櫛といふ。上古、人あり。躰は極めて長大く、身は丘壟の上に居ながら、手は海濱の蜃を摎りぬ。其の食ひし貝、積聚りて岡と成りき。時の人、大くじりの義を取りて、今は大櫛の岡と謂ふ。其の踐みし跡は、長さ卌餘歩、廣さ廾餘歩なり。尿の穴の徑、廾餘歩許なり。」という記述が見える。これは現在の茨城県水戸市にある縄文時代前期の大串貝塚を指すものとして有名である。

古代の当地の人々は、貝塚に残る大量の貝を奇異に感じていた。それは海退によって大串貝塚の立地は縄文時代当時の海浜部ではなく、内陸に位置していたためである。そのため人々は、このように内陸に大量の貝が堆積する現象を科学的に説明がつかなかったのであろう。その仕業を、岡に腰掛けて、貝をほじって食らう、巨人の存在という非科学的な姿に託したのである。足跡や尿の跡と考えられたものは、あるいは竪穴住居の痕跡を示すものとも理解できるだろう。

ご存知のとおり風土記は、和銅四年（七一三）に編纂が開始されたものである。語り部である古老達の年齢を五〇～六〇歳程度と仮定すれば、その内容は少なくとも七世紀中葉頃には知られていたことを記録したものと考えてよいだろう。

これらのことから言えることは、七世紀中葉の頃には、縄文時代前期の記憶はまったく伝承されておらず、貝塚ははじめて見る奇異な現象と考えられていたのである。このことから、縄文時代前期から約五千年間に大串貝塚に人類が生活していた事実についての記憶はまったく忘却されていたということになる。

もう一つ、古代人の石鏃の扱いについて見てみよう。『続日本後紀』によれば、貞和六年（八三九）に出羽国田川郡西浜（現在の山形県遊佐町の海岸と考えられている）で雷鳴を伴う長雨が続いた。やっと晴天になった時、海岸に沢山の色とりどりの石鏃が落ちていた。地域の古老もその正体を知るものがなく、国司はこれを朝廷に献じた。朝廷では凶事の前兆として、国司に神に幣帛を奉ることを命じた。その後も同様なことがしばしば起こりト占によって、諸神を祀り、国司に警護を厳にするよう勅命した。

また、『三代実録』の元慶八年（八八四）には秋田城内で雷雨があり、天地が暗くなったあとに石鏃が降ったという記事があり、出羽国司から朝廷に報告されている。

これらは、考古学に携わる者にはなじみの深い、風雨によって遺物が地表面に露出する現象を示しているものと思うが、当時の人々はこれらが天から降ってきたものと認識していた。雷雨の後に発見されていることから、雷神や天狗が落としていったものと真面目に信じられていたのである。このような解釈は日本ばかりでなくヨーロッパにも認められることで、民族学者フレーザーによれば、石器の素材が燧石が多いことから稲妻と石器が結び付けて考えられていたことを紹介しているという（斎藤一九七四）。

これらの石鏃が人工物であるという認識が、新井白石らによって論じられるのは一八世紀を待たなければならなかった。こういった事実も、数千年間に縄文時代の生活の記憶が完全に消滅していることを示しているのである。

銅鐸の場合

つぎに、弥生時代の事象として、銅鐸に関する記録を見てみたい。平田篤胤が天保七年（一八三六）に著わした『弘仁歴運記考』に銅鐸に関する記事が集成されている。

まず、『扶桑略記』の天智天皇七年（六六八）に「正月十七日。於近江国志賀郡。建崇福寺。始令平地。掘出奇異寶鐸一口。高五尺五寸。」という記載が見られ、これが年代的に銅鐸が初出する文献と考えられている。これは近江国の崇福寺建設の造成工事中に銅鐸が発見されたことに関する記事である。「奇異寶鐸」という表現は、当時の人々がはじめて見る不思議なものというニュアンスをよく伝えている。また、寶鐸という名称をこの時に付けている。鐸が揺り鳴らすもの、鐘が外から突いて鳴らすものという漢字の意味からすれば、これに寶鐸という字を与えている点は、すでに揺り鳴らす道具という性格と理解されていることになり、当時の人々の卓見といえよう。

続く年代の記録としては『続日本紀』の元明天皇の和銅六年（七一三）七月の条が挙げられる。「大倭国宇太郡浪坂郷人。大初位上東人。得銅鐸於長岡野地而献之。高三尺徑一尺」とあり、奈良県宇陀郡に住む下級役人が、京都府長岡京市で銅鐸を発見して、天皇に献じたことが記されている。この時にはじめて銅鐸という名称が付けられている。

さらに、『日本後紀』の嵯峨天皇の弘仁一二年（八二一）五月の条「播磨国有人。掘地獲一銅鐸。高三尺八寸。口徑一尺二寸。道人云。阿育王塔鐸。」、続いて『日本三代実録』清和天皇の貞観二年（八六〇）八月では「参河国献銅鐸一。高三尺四寸。徑一尺四寸。於渥美郡村松山中獲之。或曰。是阿育王之寳鐸也。」と続く。

この段階では、銅鐸はインドのアショーカ王の塔の懸鐘という、奇抜な解釈が出現している。いずれにしても古代の人々は、銅鐸を仏教と結びつけて考えていたようである。

滋賀県石山寺は天平宝字五年から六年（七六一～七六二）に創建された寺院であるが、この時の造成工事の時にも銅鐸が発見されたといわれており、現物も残されている。その時の人々の反応は伝えられていないが、正中年間（一三二四～二六）に成立した絵巻物『石山寺縁起』の作者は五尺の宝鐸を掘り当て、これは今知られていない一大伽藍の古跡という解説をつけている。またこの絵巻物には発見された様子が描かれている（小松ほか一九七八）。銅鐸の形も梵鐘のようで絵巻物成立時期の絵師の想像による描写であるが、未知のものに接した人々があれやこれやと評論している様子が妙にリアルである（図1）。天智朝の崇福寺での発見の様子もこんなところであろうか。

さて、四つの記事について見てきたが、まず第一には、西暦六六八年段階にはすでに銅鐸は用途不明の忘れ去られた物体であったことがわかる。そして、それから約一五〇年後の西暦八二一年にはアショーカ王の塔の懸鐸というもっともらしい新解釈が付加されているのである。

図１　『石山寺縁起絵巻』に描かれた銅鐸発見の図
（中央公論新社刊『日本絵巻大成』18より。石山寺蔵）

このような、解釈の変化を概観するためには銅鐸の終焉について確認しておかなければならないだろう。これについては厳密な時期は明確にされていないが、卑弥呼が銅鏡の祭祀をもっぱらとするようになった段階には消滅しているものと考えられている。「魏志倭人伝」に記されているように、魏からわが国に「汝好物」の一部として銅鏡百枚が送られたことはあまりに有名であり、この西暦二三九年にはすでに、銅鏡の祭祀に転換していたことは疑いないだろう。そうすると、銅鐸の終焉は遅くとも三世紀前半の早い時期と考えられるのである。

そうすると、天智天皇七年の発見まで、約三百有余年を経ていることになるが、この間に東海地方以西の日本の共同体祭祀として盛行していた銅鐸祭祀は完全に忘れ去られ、それから約一五〇年後には、アショーカ王の懸鐸というまったく根拠のない話が付け加えられているのである。

つまり、月日は、事実とは無関係な架空な話を生み出していったのである。銅鐸の場合は、これ以後、学問としての歴史学の進展によって荒唐無稽な伝説化は抑えられることになるが、文字使用がなされない時代が続いたとすれば、おそらく前述した大串貝塚のように面白い説話に進化したことであろう。

古墳の場合

つぎに古墳時代の例を見てみよう。『筑後国風土記』の記述から岩戸山古墳についての当時の人々の見解を確認する。岩戸山古墳は福岡県八女市にある外堤までの全長一七六mの北九州最大の前方後円墳である。この古墳については「上妻の縣。縣の南二里に筑紫君磐井の墓墳あり。（中略）墓田は、南と北と各六十丈、東と西と各四十丈なり。石人と石盾と各六十枚、交陣なり行を成して四面にめぐれり。」と書かれている。この記述のとおり岩戸山古墳には武装石人・裸体石人と石盾が出土しており、規模も風土記の記述と同じことから、埋葬された人物が判明した数少ない古墳として有名である。

続いて「古老の傳へて云へらく、雄大迹の天皇のみ世に當りて、筑紫君磐井、豪強く暴虐くして、皇風に偃はず。（中略）俄にして官軍動發りて襲たむとする間に、勢の勝つましじきを知りて、獨自、豊前の国上膳の縣に遁れて、南の山の峻しき嶺の曲に終せき。」と記述を進める。これは、いわゆる筑紫の君磐井の乱を示している。

当時、わが国は、高句麗の南下による新羅制圧と、その結果孤立する百済、という半島の緊張状況の中で百済を支援する立場をとった。そういった状況で、新羅と関係をもった筑紫の豪族磐井が新羅征討軍の進軍を阻み反乱を起こした。しかし、継体天皇によって追討に派遣された大伴金村・物部麁鹿火らによって制圧され、磐井は殺されたというものである。西暦五二八年の事件である。風土記の記述に出てくる「古老曰く」が、まさに生きた記憶としての伝承を示している。

さて、風土記編纂時に古老とされる年齢を仮に六〇歳前後を想定しておくと、この伝承は古老の若い頃には確実に語り継がれていたことが想定できるだろう。そうするとその年代は、編纂が始まる七一三年からさかのぼって、古老が一〇歳の少年の頃として西暦六六〇年ごろには知られていた情報と考えられるのである。それは五二八年の事件から約一三〇年が経つが、比較的正確な情報が伝達されていたことがわかるのである。

三　中世の遺跡・遺物から

つぎに中世の事例を見てみよう。中世居館遺跡は、よほどの歴史的事件、有名な人物にかかわっていない限り、それが誰の居館かということが明確にされる例は少ない。

ここでは、現在、発掘調査や文献記録によって、その主や年代が明らかにされている居館遺跡についての伝承について考えてみたい。

東京都中野区にある城山居館跡とそれをめぐる伝承がそれである。城山居館跡については別章において詳述するが、中野郷を開拓し後北条氏の小代官を務めた堀江氏の居館であったことは疑いないものである。堀江氏はその後、屋敷地を青梅街道筋に移し中野村名主として存続していく地域の土豪であった。その居館が廃絶されたのは大久保長安によって青梅街道が整備された慶長年間と考えてよいもので、年代としては西暦一六〇〇年前後と考えることができる。

その後、この地に関する記録としては、堀江氏に伝わる寛保三年（一七四三）・寛延三年（一七五〇）の古文書にはこの地が城山と呼ばれ、堀江氏がかつて居住していた屋敷の跡であることが記されており、居館廃絶後、約一四〇年前後までは正確な内容が伝承されていることがわかる。

ところが、大正一六年（一九一六）の『東京府豊多摩郡誌』の城山の記述では、「此の地は太田道灌の城址なりとも云ひ、又遠く平忠常が城砦を構えし地なりとも云い傳ふけれど詳かならず。」と記載され堀江氏のことはまったく触れられていない（東京府豊多摩郡役所一九一六）。太田道灌・平忠常はともに歴史上の著名人であり、居館廃絶後約三一〇余年後には伝説としての変化を起こしていたことがわかる。

さきほどの古文書の年代との間に明治維新という大きな出来事はあったが堀江氏自身はそのまま土地に居ついた状態で維新を迎えているため取り立てて伝承が阻害される要素はない。この現象はやはり、自然のなりゆきによる忘却ということになろう。

つぎに、遺物の点から継続する時間幅の一例を見ることにしよう。詳細は次章で述べるが、それは白磁四耳壺である（カラー口絵参照）。中国、宋から輸入された舶載陶磁器の中でも白磁四耳壺は類例は少なく最も珍重されたものである。その輸入窓口は九州博多で、大宰府遺跡で輸入時期が詳細に検討されている。ここで、注目したいのは、埼玉県吉見町金蔵院出土の白磁四耳壺の例である。永和二年（一三七六）の紀年銘を持つ宝篋印塔の下に蔵骨器として用いられたもので、型式的には大宰府分類一類に属し一一世紀後半から一二世紀末の輸入時期が想定されている。輸入想定時期から最終使用年代は長くて約三二六年、短くて約一七六年となる。

四　土器から見た変化と時間幅

考古学でもっともオーソドックスな遺物としては、土器が挙げられる。土器は日用品として絶え間ない変化を実にナチュラルに展開している。この点で、一つの特徴がどのくらいの間、継承されていくのかということが、前項まで述べてきた、古いものがどの程度伝承されていくのかという課題に置き換えて考えることができると思われるのである。

しかし、土器は絶え間ない変化は遂げていても実年代の点からはなかなか明確にこの課題に答えられるものが少ない。そこで、ここでは土器の中でも年代観が整理されている須恵器に注目してみたい。その中でもその指標となる大阪府陶邑《すえむら》古窯跡の編年（田辺一九六六・一九八一、中村一九七八・一九九〇）と飛鳥地域の編年（西一九七八）から導いていくことにする。

須恵器の主な形式としては坏蓋・坏身・高台坏・𤭯・高坏などがある。まず、坏蓋・坏身の変化をたどってみると、蓋身ともに口縁部と体部との境目に稜を造り出して区別している。そしてTK73・TK216・TK208・TK23・TK47・MT15・TK10型式までは、全体的に器高が高いものから扁平なものへと順次変化していくが、TK10型式の中で蓋の稜線が消失するという今までにない大きな変化が認められる。これはその後も蓋の形式のモデルとして全国的に波及する要素である。TK43・TK209型式・飛鳥Ⅰ・飛鳥Ⅱと扁平化と小型化が促進され、飛鳥Ⅲにはこれらは消滅して、この時期からは稜をもたない坏とつまみを付け内面に返りを持つ蓋に取って代わられるのである。ここにもう一つの大きな変化を認めることができる。

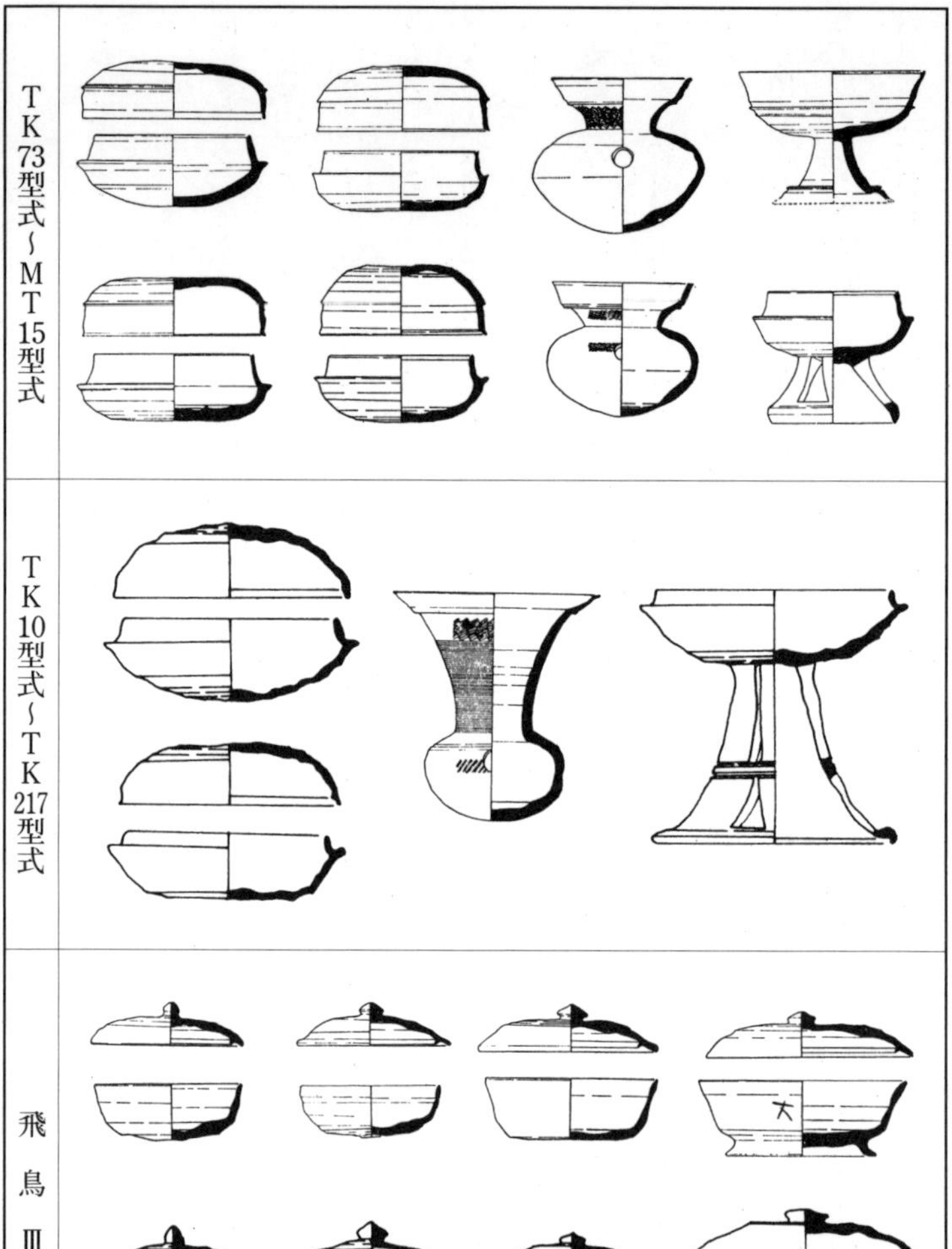

図２　須恵器型式変化の三態（10分の１）

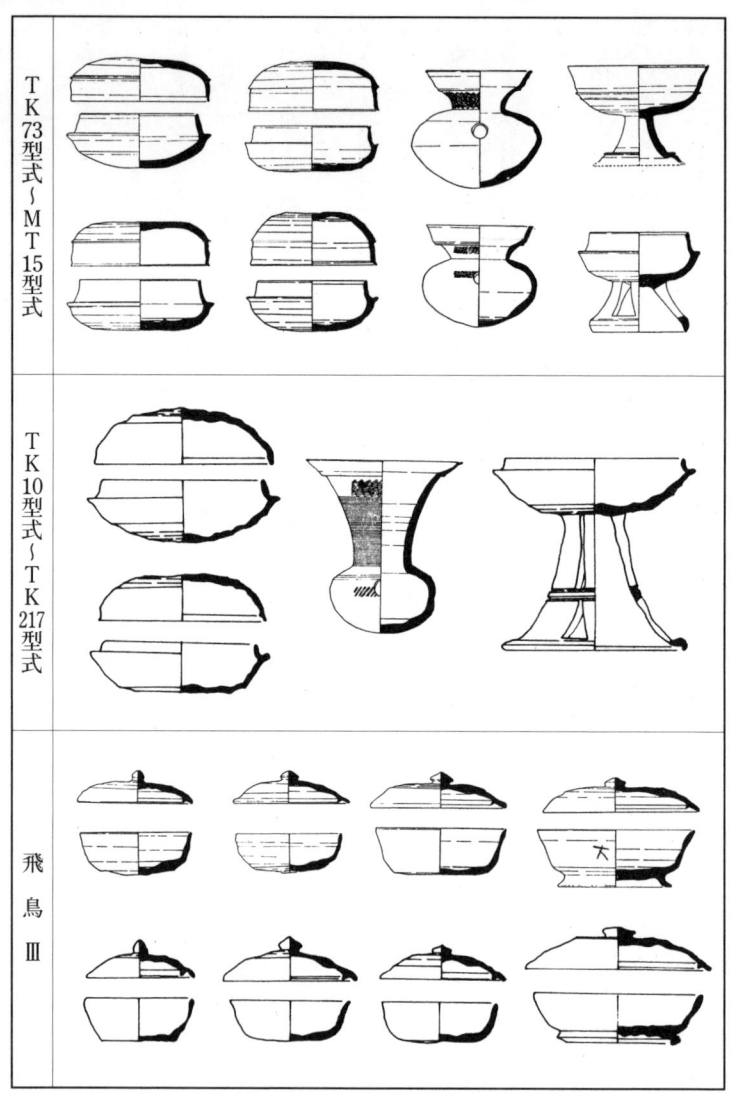

高台坏は青銅製佐波理鋺の模倣として飛鳥Ⅰに登場するが飛鳥Ⅲ以降はつまみと返りをもつ蓋とともに主流となる。𤭯は、ＴＫ73からＭＴ15型式までは漸移的に頸部が太く長くなる変化を示しているが、ＴＫ10型式の中で急激な長頸化がはじまり七世紀前半には消滅する。

高坏は𤭯と同様にＴＫ73からＭＴ15型式までは穏やかな変化を示すが、ＴＫ10型式の中で急激な長脚化がはじまり七世紀前半には消滅する。この他にＴＫ10型式の中で台付長頸壺が出現するなどの変化もある。

以上のように見てくると連綿と続く須恵器の変化の中でもＴＫ10型式と飛鳥Ⅱから Ⅲの変わり目に大きな変化があることが見てとれる（図2）。これは従前までの伝統的要素がなくなり、新しい要素がはじまるといった変化である。言い換えれば古いものが忘れ去られたことを示す二つの画期ということになろう。その実年代であるが、一応ＴＫ73型式を五世紀前葉とする意見を採ることにする。ＴＫ10型式はある程度の時期幅があり、まずその上限としては五二八年に死んだ筑紫の君磐井の墓である前述した岩戸山古墳出土須恵器がＭＴ15型式からＴＫ10型式の過渡的な形態と理解されていることよりこの年代を充てることができる。また、下限は五八七年に建立がはじまった飛鳥寺の下層整地層のＴＫ43型式の前型式であることから、その時期幅はおおよそ六世紀第Ⅱ～Ⅲ四半期の幅で考えられるが、蓋の稜線の消失はＴＫ10型式でも古相にはじまることからここでは一応、第Ⅱ四半期の年代を考えておきたい。飛鳥Ⅲは七世紀第Ⅲ四半期と考えられている。

このように見てくると、ＴＫ10型式の中で起こった伝統性の消滅はＴＫ73型式から大体一一五年余たった頃、飛鳥Ⅲで起こったその次の伝統性の消滅はそれから約一二五年前後という値になり、前述までの検討時間幅と大きくかけ離れてはいないという結果になる。

五　伝承と伝世の違い

今まで伝承という観点で論を進めてきたが、考古学では古い遺物が後の時期まで用いられる現象を伝世と呼んでいる。物品を扱う考古学では、伝承という言い方よりもなじみの深いものである。

これらの代表的な遺物としては鏡を挙げることができる。近年、中国からの舶載鏡の研究が進み、年代観や流入と伝世の実態もかなり明らかにされてきている（岡村一九九九）。岡村秀典氏の成果から、漢鏡の伝世の時間幅について、概観してみたい。

伝世鏡は漢鏡4期（前一世紀後葉〜一世紀初め・前漢末から王莽代）からはじまると考えられており、弥生中期から後期初頭に北九州の甕棺墓に副葬されるほかは、高松市鶴尾神社四号墳・大阪府紫金山古墳・兵庫県森尾古墳・山梨県大丸山古墳・山口県国森古墳・岐阜県観音寺山古墳などいずれも前期古墳の副葬品として認められている。森尾古墳では正始元年（二四〇）銘の三角縁神獣鏡と共伴しており、少なくとも製作後、二五〇年前後は伝世していたことになる。

漢鏡5期（前一世紀中頃〜後半・後漢前期）の鏡は、福岡県一貴山銚子塚古墳で八面の仿製三角縁神獣鏡と伴っているが、漢鏡は被葬者の枕もとに置かれていたため特別な宝器の扱いをしていることがわかる。仿製三角縁神獣鏡の年代が四世紀代と考えれば、これは三〇〇年前後の時間幅を見ることができる。

奈良県天理市の天神山古墳では、漢鏡5期の鏡一〇面と漢鏡7期（二世紀後半から三世紀はじめ・後漢後期）の鏡七面と古墳時代の仿製鏡六面が竪穴石室からまとまって出土しており、古いものからは二五〇年以上の時間幅を想定することができる。

以上のように、漢鏡の伝世は二五〇〜三〇〇年間という長い期間が想定されるのである。このように長期にわたって大切にされてきた鏡は、宝器という役割で所有者に現実的な意味をもって継承されていったのである。これらが一部の例外を除いてほとんど前期古墳に副葬されることをもって終焉を迎える事実は、それが全国的なことであることからも首長層総体の意志が背後に働いていることがわかる。別な言い方をすれば支配階級のステータスシンボルが新たなものへの転換点を迎えたことを示しているのである。この点で前項まで述べてきた、ナチュラルな状況での人から人へと伝えられていく情報、そしてそれが世代を超えて伝承されていくこととは本質的に異なる、支配階級の総体的な意志が隠されているのである。

それでは、伝世と伝承はどのような違いを見ることになろうか、筆者なりに整理してみたい。

伝世とは、伝わっている内容、主に物品が対象になるが、それが、常にそれぞれの時点においても充分に有効に利用されている点に意義があり、多分にそれは持ち主のステータスにかかわる性格を帯びているのである。江戸時代の大名家や豪商が利休の茶杓を大切にしたり、本阿弥光悦の茶碗を家宝としているような例は茶道・茶会といった、いわばサロン、引いては上流階級の一員たることを示すステータスシンボルであるがこそに、その家の維持に必要なものとして数百年に渡って代々伝えていく意味があったのである。それは、意図的に伝え、受け継いでいくもので、そのもの自体に現世的意味のあるものなのである。

それに対して、伝承とは、過去の出来事であるという意識を明確にもったものとして、日常生活に関連したもの、あるいは影響を与えたものが伝えられていくという点で特定の人々のアイデンティティーやステータスシンボルといった意識的なものとは関係のないものである。むしろ、個人や集団の情緒的な領域に属し、かつ必要なものとしての要素の方が強いものである。

このように考えると伝承と伝世には明確な相違点があることになるのである。集約すれば、人の意志によって世々代々伝えられていき、意志によって終焉を迎えるものが伝世であり、人の意志によらず、ナチュラルな状況を大前提として、その中で受け継がれていき、そして忘却されていく事象が、伝承ということになろう。

この意味からすると、前述した銅鐸は人の意志によって終焉を迎えるため「伝世」の概念に属するが、その後、存在が後世の記憶から忘却された過程は「伝承」の範疇ということになろう。このようなことからも、両者はまったく異質な性格を持ちながら、悠久なる時間の流れの中ではあるときは相互に関係し合い、ある時はまったく係わらない形で共存するといった、歴史を考える上で極めて個性的で重要な概念なのである。

六　ま と め

前項で、伝世と伝承の相違とそれらを概念化する重要性について述べたが、その他に、事例は多くないが伝承の時間幅と変質の過程はつかめたと考えている。まとめてみると、岩戸山古墳の場合は約一三〇〇年間、城山居館跡の場合は約一四〇〇年間、その内容は正確に伝承されていることがわかる。遺物に即して見ると、須恵器の場合は、一つの特徴が継続する時間幅はおおよそ一二五年余という数値になる。

つぎに、銅鐸の場合は、約三〇〇年間にその内容は忘却され、約四五〇年後にはアショーカ王の使用品といった説話化が認められる。城山居館跡では廃絶後約三一〇年で太田道灌・平忠常の登場によりこれも説話化していることがわかる。

さらに、縄文時代の情報は、数千年間に超自然現象のなせるわざとしてほぼ神話に近い形に変質するのである。つまり、出来事の終焉から約一四〇年間くらいまでは物事の正確な伝承は認められるが、約三〇〇年間経つとまったくそれは忘却され、ほぼその頃から説話化がはじまり、数千年後には荒唐無稽な神話的な内容に変貌していくのである。これが、考古学的にみた、伝承の時間推移と内容の変化過程なのである。冒頭で実際の言い伝えが一一六～一二九年前までのものを伝承している事実を確認したが、考古学的に長くみても約一四〇年程度という結果からみて、この数字はほとんど近接しているものと考えてよいと思う。

これらのことを端的にいえば、伝承の継続段階（約一四〇年ほど前の出来事）、忘却と変容の段階（約三〇〇～四五〇年ほど前の出来事）、伝説化の段階（それ以上昔に起きた出来事）という三段階に変遷するものと考えられるのである。

【参考文献】

秋本吉郎校注一九五八『風土記』日本古典文学大系、岩波書店
岡村秀典一九九九『三角縁神獣鏡の時代』吉川弘文館
小松茂美ほか一九七八「石山寺縁起」『日本絵巻大成』一八、中央公論社
斎藤　忠一九七四『日本考古学史』吉川弘文館
佐原　真一九七九『日本の原始美術　七　銅鐸』七、講談社
佐原　真・春成秀爾一九九五『銅鐸の美』国立歴史民俗博物館

田辺昭三一九六六『陶邑古窯址群』Ⅰ、平安学園考古学クラブ
田辺昭三一九八一『須恵器大成』角川書店
東京府豊多摩郡役所一九一六『東京都豊多摩郡誌』
中島恵子一九八七『口承文芸調査報告書　中野の昔話・伝説・世間話』中野区教育委員会
中島恵子一九八九『口承文芸調査報告書　続　中野の昔話・伝説・世間話』中野区教育委員会
中村　浩一九七八「和泉陶邑窯出土遺物の時期編年」『陶邑』Ⅲ、(財)大阪府文化財センター
中村　浩一九九〇『研究入門　須恵器』柏書房
西　弘海一九七八「土器の時期区分と型式変化」『飛鳥・藤原宮発掘調査報告』Ⅲ、奈良国立文化財研究所
比田井克仁・工藤敏久一九九一『中野城山居館跡発掘調査報告書』中野区教育委員会・中野城山遺跡調査会
比田井克仁・宮下孝優・斎藤由美子二〇〇三『中野城山居館跡発掘調査報告書』Ⅱ、中野区教育委員会
柳田國男一九三五「郷土生活の研究法」『柳田國男全集』二八、ちくま文庫

第Ⅱ章　地名伝承と遺跡

一　はじめに

地名には、地形に係わるもの、河川にかかわるもの、田畑にかかわるもの、故事来歴など歴史的なものなどがある。柳田國男はこれら地名の発生について、まず地点名がつけられ地区名へと移り、さらに土地の占有以前と以後とに分別できるとされ、これを標前地名・標後地名と称している。土地の占有とはすなわち開発のことであり、開発後の標後地名には○○田とか○○畠といったような人為的な行為を経たものがあたり、標前地名には○○野・○○原・○○谷といった自然界のものを想定している。さらに「原」は平坦な土地を示し、「野」は山の麓の緩斜面すなわち裾野のことを指すとされている。これに関連して柳田は「東京に一番近い中野といふ町を考へて見るに、今ある町の處が何も無い平場だとしたら、第一段には此地名が稍々中心からすべってゐること、第二には野といふ語の本來の意味を、既に忘れた人たちが命名したかといふことを思ふが、更に進んでは海の方面から來た者が、始めて入って見る岡の谷合の、水の響を聞き草木の茂みを眺めて、爰なら開かれると感じたことが、やがては山遠けれども中の野と、呼ぶに至った理由とも見られぬことは無い。」と述べられている（柳田一九六二)。中野は柳田の言う標前地名であったのである。そうすると中野周辺で田のつく地名、例えば江古田は標後地名ということになろう。

やがて、開墾が進展すると領主の名や団体(寺院)などの名がつけられた地名は、人名などとの関係が生じ複雑化して、それが今日に至ると柳田は説いている。大筋の点では首肯されるであろう。

ところで、先に触れた中野区「江古田」であるが、現地に伝わる地名の由来は必ずしも単純な標後地名ではないようである。

二　江古田の地名の由来

江古田とは東京都中野区の北部と練馬区の南東部の一部にかけての地名である。この土地でいわれている地名の由来には二説がある。一つは考古学者柴田常恵が地元の郷土史家堀野良之助に語った「江古田は遠い昔、田のふちにエゴの木が生えており、その下に田があったので『エゴタ』と名づけたのではないか。」という説である(堀野一九六〇)。

エゴの木とは、夏に白い花を咲かせ褐色の五㎜大の実をつけ、樹高は三~五ｍほどになるエゴノキ科の落葉樹である。実からは油を採り、材は床柱や天井に用いられる。武蔵野台地や多摩地域には通常見られる木である。柴田常恵の発言の根拠は不明で証明する術はないが、容認するとすれば標前地名ということになる。

もう一つの説は古くからこの土地に伝承されているもので、かつてこの地域に「江古寺」という寺院がありそこからついたというものである。これについては、前述の堀野良之助の著作に詳細が記されている。「古よりの口碑による中で、一番残念に思うのは大昔寺山の地にあったという江古寺の存在である。江古寺の在った地は江古田氷川神社の裏地に当る小字寺山の地名が残る約三万余坪の地であり、三方は妙正寺川支流に面した高台である。（中略）開墾した際、土中より土器や石器などが多数出土し、同時に板碑も掘り出したが、その辺が江古寺の在った場所かと考えられる。（中略）一枚は応永年間で一枚は年号がわからない。その他にも多数掘り出したが、みな下の橋のたもとに捨てたと、当時開墾し掘り出したという古老（中略）からきいたが、今は両人とも故人となってしまいきく術もなくなった。（中略）江古寺は文明十八年太田道灌の豊島城の戦火にあったという古老もあるとしてもくわしいことはわからない。」という内容である。これは昭和三五年に私家版で出した堀野の回想録に記されたものであるが（堀野一九六〇）、実はこのことについては戦前に、公式に一般への周知が考古学者鳥居龍蔵によってなされているのである。

それは昭和一四年（一九三九）三月二六日に第六回郷土愛護精神普及講演会で淀橋区オリエンタル写真学校講堂で行なわれた「上代の野方風致地区附近に就て」という講演の中で語られたものである。この講演内容は東京府風致協会連合会刊行の雑誌「風致」に四回にわたって掲載されたが、江古寺についてはこのうちの昭和一五年（一九四〇）五月発行の五巻二号に触れられている（鳥居一九四〇）。「（前略）此の板碑は何處から出たかと云ふと、今日病院になって居る所から出た。あそこは江古寺の跡だと昔から云って居りますが、此の土地は非常に面白い土地のやうに私は考へます。将來我々の江古田及び此の風致地区の研究は、江古寺跡の残存であらうと思ふ。（中略）私は中野と云ふ所は、決して野原でなかったと考へたい。第一あの江古寺が存在して居る所から見ても板碑が出るから、ああ云ふ古い寺は多く、又神社なども多いのであります。」という内容で、あたかも江古寺の存在が現実であるかの観をもった内容である。おそらく鳥居自身はその実在を疑っていなかったということになろう。鳥居の希望的願望は、約六五年後にほぼ現実となるのであるが。

堀野が回想に記したのも、当時大家の域に達していた鳥居のこの発言に意を強くしたためと考えられる。鳥居の発言がなければ江古寺の伝承はこのような形で今日まで残されていたかどうか疑問であるからである。

しかし、筆者は二〇〇三年度の調査まで、この伝承には疑念を持っていた。なぜならその比定地である寺山台地はそれまでどこを調査しても縄文時代の遺物・遺構ばかりで、この時期の大集落の存在が明らかにされているが、中世の遺物の存在は認められていなかったからである。ましてや、江古寺など取って付けたような珍妙な名称にはどうしてもなじめなかったのである。悪くいえば郷土史の普及を目的とした講演会であるため、一般大衆受けをねらった鳥居のリップサービスではなかったのかとさえ思えた。板碑の出土だけで寺院の存在まで確実視したのは、戦前とはいえ実証史学の泰斗にしては行き過ぎの感もあり、その点で本当は、リップサービスだったのかもしれない。

三　歴史展開から見た江古田

それでは伝承からではなく、文献記録では江古田という地名はいつ頃から出現するのかその後の展開はどうなのかについて見ていきたい。

まず、年代的には小田原衆所領役帳の長禄年間の太田道灌所領地についての項目の中に記載があるものが古いが、役帳自体が長禄年間より約百年後の永禄年間に成立したものであることより、長禄年間の可能性は認めつつ保留しておきたい。ほぼ確実と考えられているのは太田道灌自身が文明一一年（一四七九）に山内上杉家へあてたいわゆる『道灌状』に報告された江古田原沼袋合戦の顛末である。この合戦は文明九年（一四七七）に道灌と当時この地域一帯の領主であった豊島氏が衝突したもので、これによって豊島氏が衰亡するきっかけをつくったきわめて重要な合戦で、その戦場は現在の中野区江古田から沼袋地域そのものに相当している。合戦の詳細はともかくとして文明九年が江古田という地名の初出である。しかし、厳密には『道灌状』では江古田原となっており、江古田ではない。この点から推定すれば、おそらく江古田の地名は江古寺という寺院名称からではなく、それ以前から存在していたもので江古田原と呼ばれていたと考えられるのである。その後、文献史料に登場する江古田の地名は天正一九年の検地帳である。この段階では武州多東郡江古田村となっている。したがって少なくとも一四七七年から一五九一年まで江古田は原が付く付かないの問題は別として地域の地名として生きてきたのである。

太田道灌の死後、江古田地域の支配者はしばらくは江戸城の上杉朝興に移るが、程なく北条氏綱の支配下に入り、以降そのまま継続していく。後北条時代は太田康資の寄子である恒岡弾正忠の領地になっていたことが小田原衆所領役帳によって明らかである。

さて、この頃、江古田内に存在していた寺院とすれば、天正一九年検地帳にみる東福寺しか見出せない。東福寺は別章で採り上げた通り、天正年間に御嶽遺跡周辺に創建され寛永年間に現在地に移転した寺院で、江古寺との関連性はない。もし、江古寺が実在していたと仮定すれば、少なくとも一五九一年以前には廃絶されていたことになろう。

四　江古田遺跡二〇〇三年調査地区は「江古寺」か？

寺山台地は、明治末期に台地全体に結核療養所が設置され、戦後国立療養所中野病院となり平成五年（一九九三）の移転（中村一九九九）までこの地に君臨していた。そのため考古学的な発掘調査のメスは入らなかったが、病院の医師に考古学マニアの方がおられ、台地内全域からはその方が長年にわたっての収集遺物が存在していた。近年、ダンボール箱数箱の資料が中野区教育委員会に寄贈された。また、戦前堀野氏によって採集された資料もかなりの数量があった。これらの資料はすべてといっていいほど縄文土器であり、さらに一九八五年に台地東側低湿地の北江古田遺跡から検出された膨大な資料もほとんどが縄文時代のもので、出土資料は中世そのものとは無関係なものであった。そのためこの台地には、縄文時代全体にわたる良好な集落の存在があることが認識され、東京都の遺跡地図にも縄文時代集落遺跡が地下に存在するものとされていたのである。このような状況から、昭和一四年の鳥居龍蔵の講演内容、昭和三五年の堀野良之助の記述などは、筆者のような若い郷土史家？の脳裏からは消滅しつつあったのである。

しかし、現実は違う方向に進んでいった。二〇〇三年に江古田氷川神社から北側に約一五〇mの地点で約一七三五㎡にわたって開発による事前調査が行なわれることになった。調査担当者として筆者は当初から縄文時代を想定しつつ、本来の専門分野である弥生・古墳時代に期待をかけて試掘調査に臨んだ。そこで、幅二mの範囲内にいくつかの遺構を確認し筆者は古墳時代後期以降の住居跡とあたりをつけて、開発事業者に説明し本調査に漕ぎつけたのである。

しかし、全体の表土を取り除いてみたところ、筆者が確認した遺構は一つは中世の溝の一部、一つは中世の段切り内部に埋没した覆土だったのである。

さらに、本調査が進展するに従い事態は思いがけない方向に進んでいった。調査区の南側からは大形の柱穴を持った掘立柱建物跡が、確認面から井戸と把握した円形の黒色土部分のうち二カ所は地下式坑の入り口部縦坑であったのである。そのほかに中央部分に無数に確認された方形の土坑はのちほど中世であることが判明して、そのうち長方形の三基の底面からは豊富な炭化物が検出されたのである。以下、これらの遺跡内容について説明しよう（図3）。

段切り遺構（図4）

まず、この遺跡で第一に認められることは人工的な整地である。高低差がある土地に対して、高いところを削平して、低いところを埋めて全体を平坦にする作業で、その痕跡は段切り遺構として残されている。江古田遺跡では北側の高い部分を約〇・三ｍの深さでチリトリ状に削平して、その土を南側に敷いて調節しながら東西約三二ｍ、南北三〇ｍ以上にわたって平坦面を作り上げているのである。段切りは攪乱や後世の削平などもあり西側がやや不鮮明になるがコの字状の広場を形成していると考えられる。段切りの壁下の際には、幅約一・六ｍ、深さ〇・二ｍの断面Ｕ字状の溝が付設される。溝からは井戸跡出土と同一個体の瓦質火鉢の破片が出土している。そして、整地された平坦面には、掘立建物跡・井戸・地下式坑・方形土坑などの施設が整えられている。これらの景観は中世の地方寺院を彷彿とさせるものである（図14）。

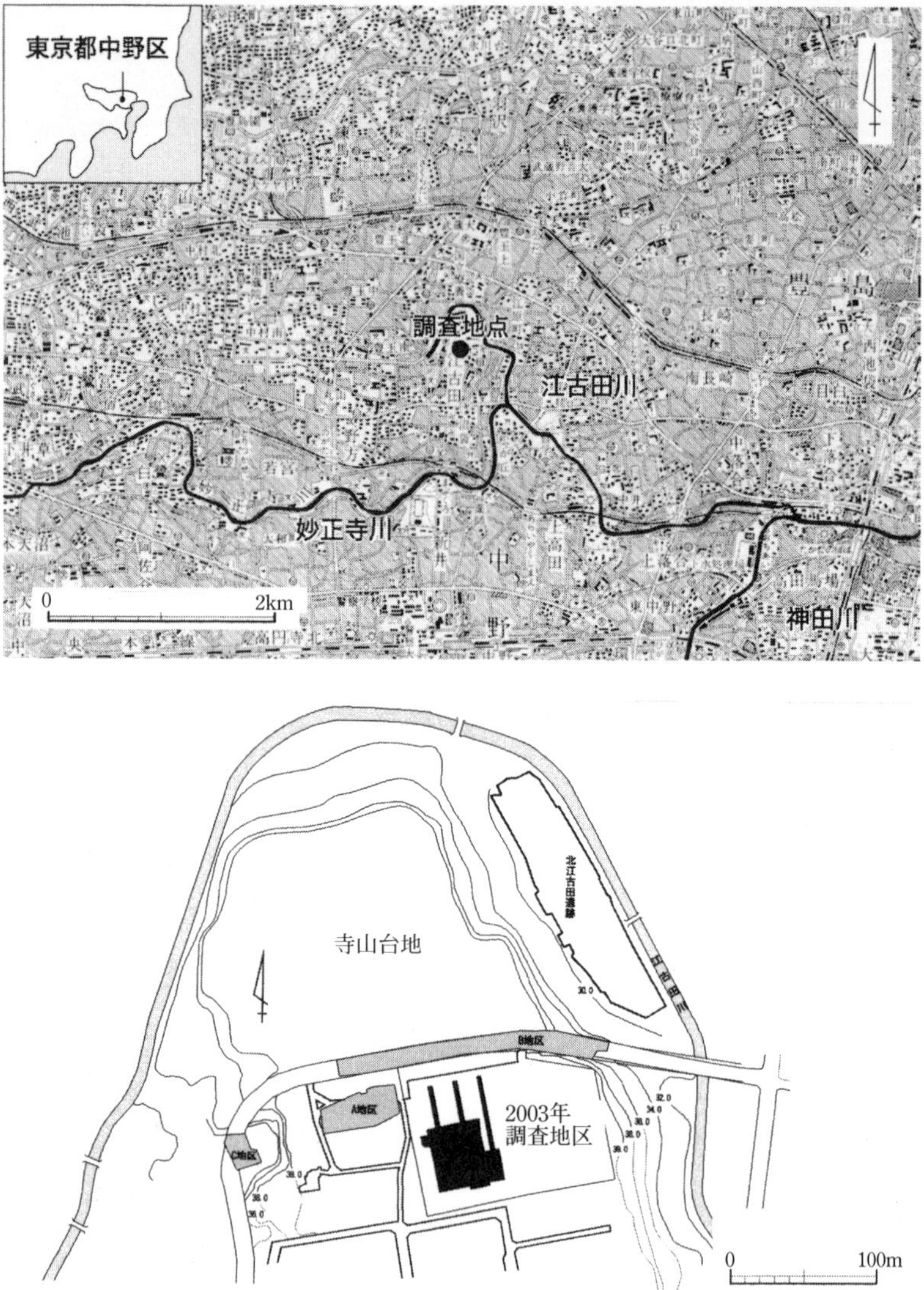

図3　江古田遺跡の位置と地形

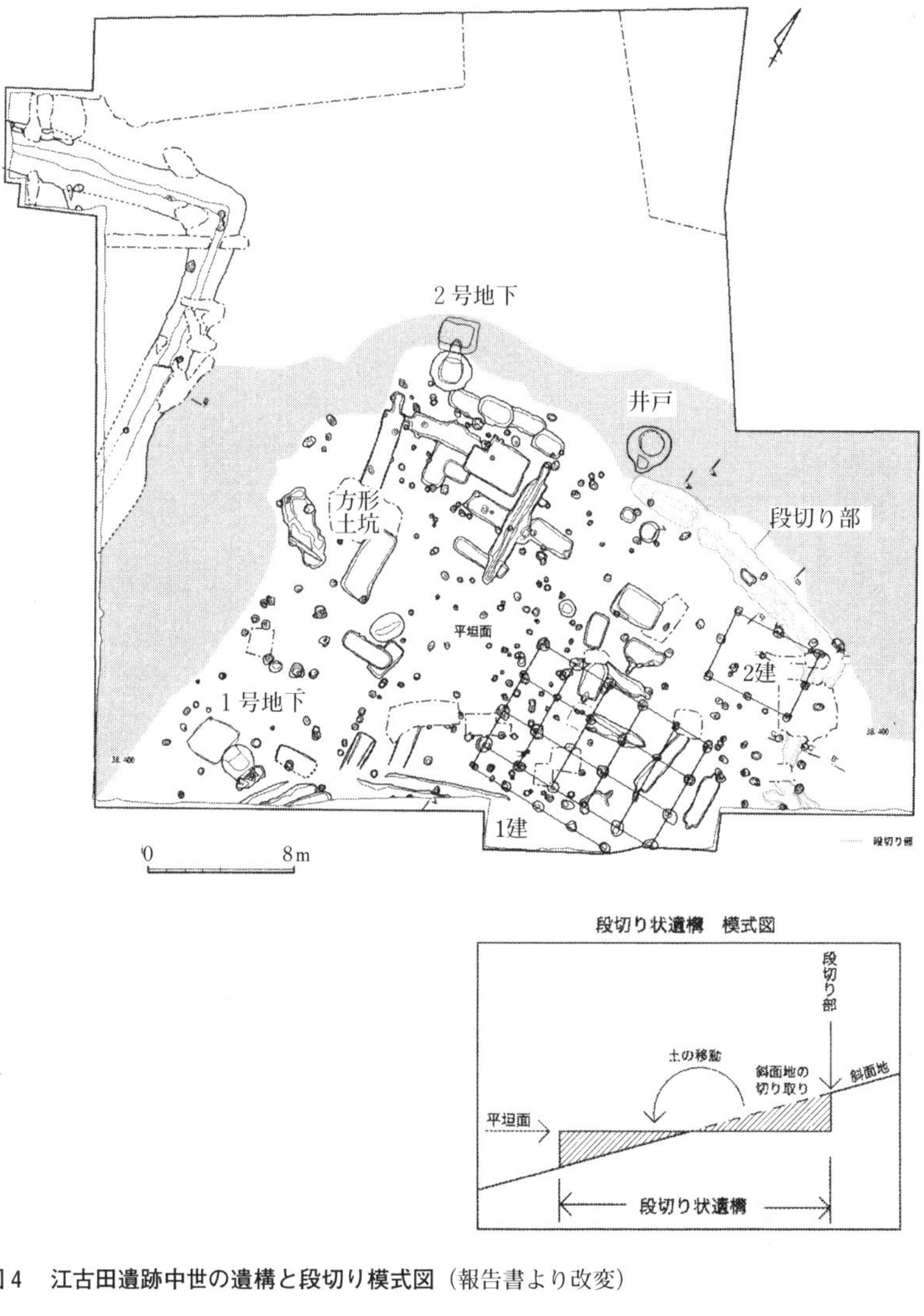

図4　江古田遺跡中世の遺構と段切り模式図（報告書より改変）

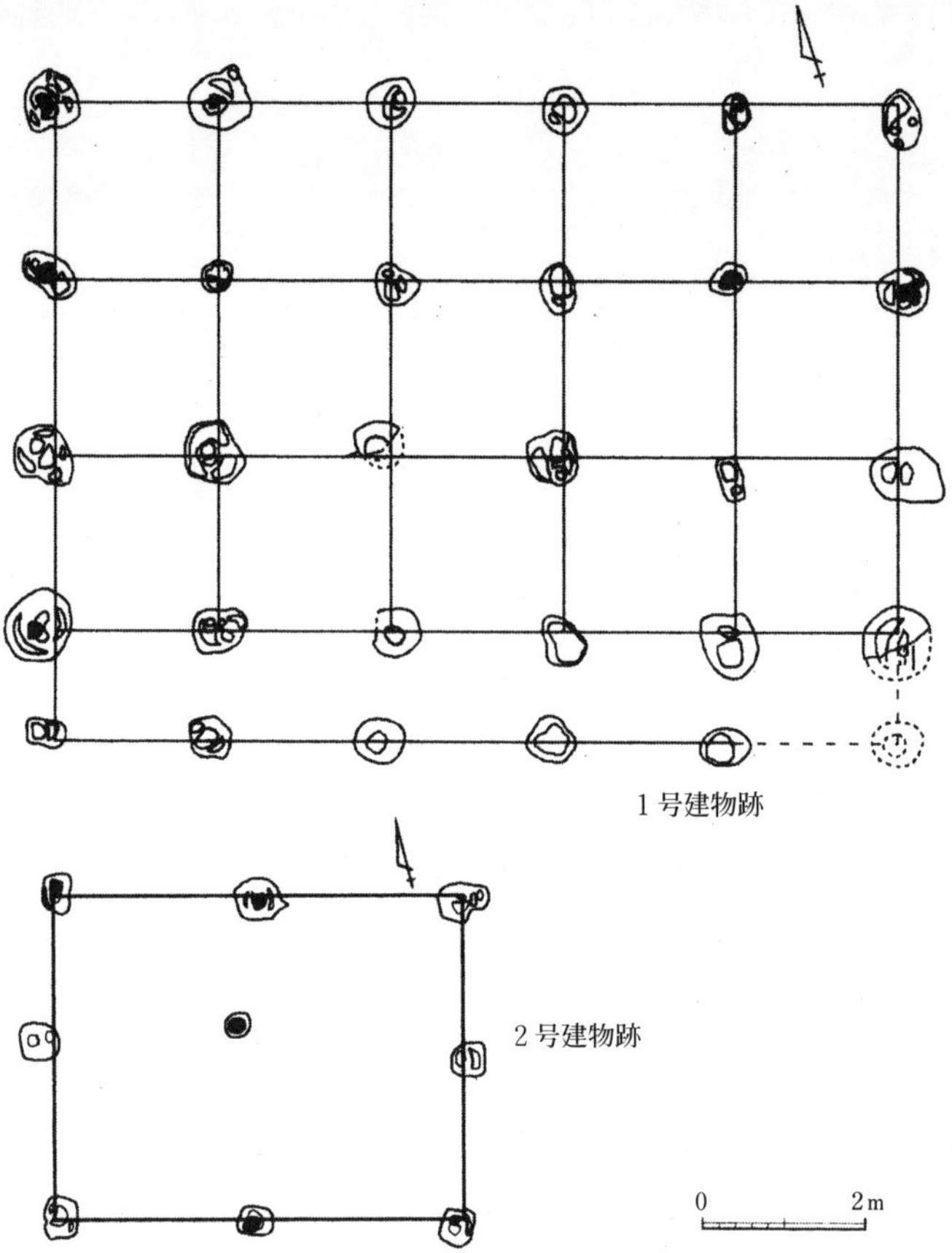

図5　江古田遺跡掘立建物跡（報告書より改変）

掘立柱建物跡（カラー口絵、図5）

掘立柱建物跡は二棟発見されている。一号建物跡は、調査区の南寄りに位置しており、間口五間×奥行三間の規模で南側に庇を持つ総柱の建物である。総柱とは建物側面の支えばかりでなく室内に柱が林立していたような構造体を示すものである。間口の一間の幅は二・一m、奥行の一間の幅二・〇mを測り、柱穴は径三〇〜五〇cm、深さは確認面から一〇〜四〇cmを測る。北西コーナー寄の柱穴からは、船載の白磁四耳壺の口

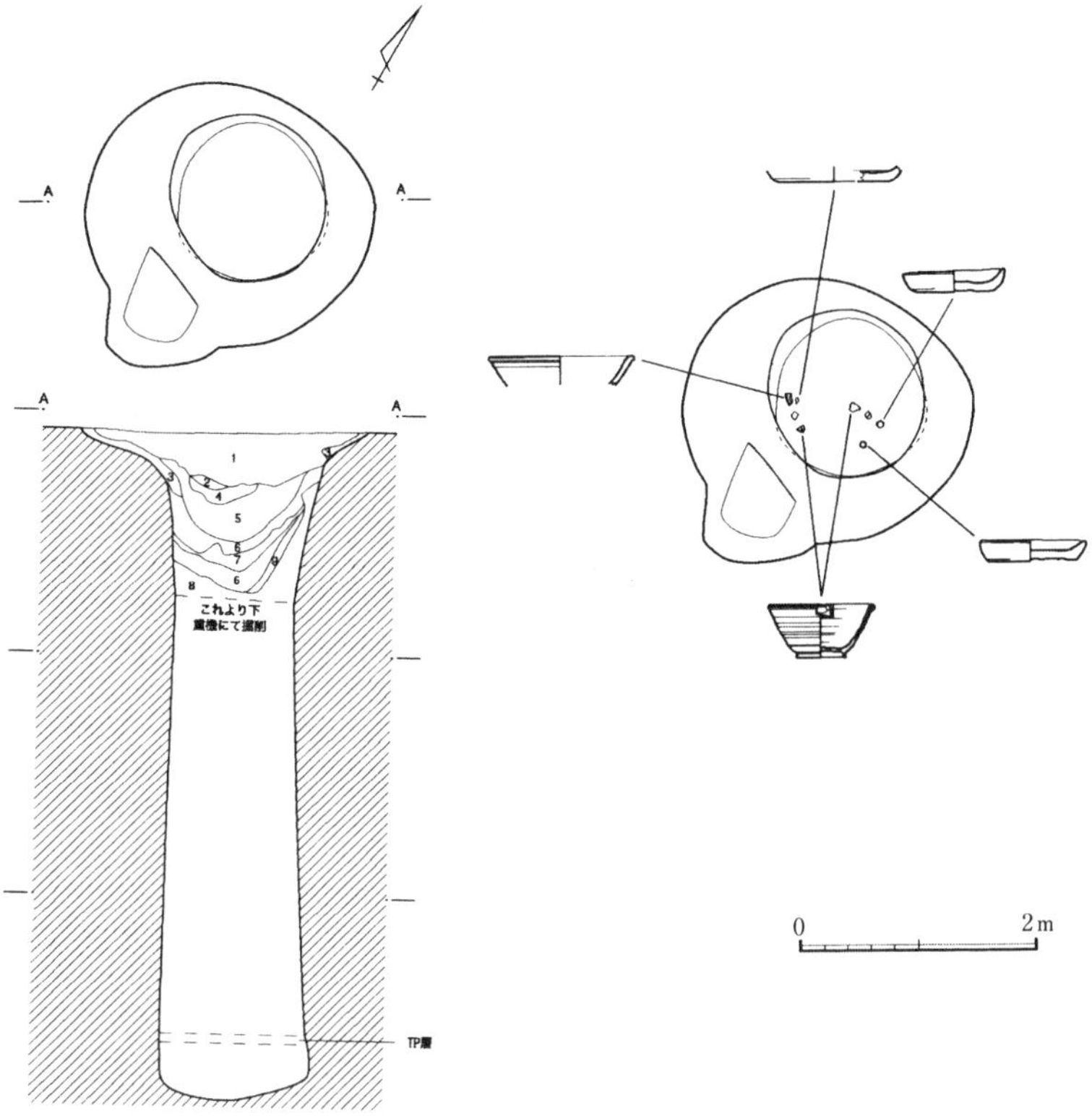

図6　江古田遺跡井戸跡と底面出土遺物（報告書より）

縁部とその東隣の柱穴からカワラケ一点が出土している。

二号建物跡は、一号の北東側に位置し、間口二間×奥行二間の大きさである。柱間は間口で二・五m、奥行二・〇mを測る、東西に長い建物である。柱穴は径四〇~五五cm、深さは確認面から四〇~七〇cmを測る。主軸方向が同一であることより、一号建物跡と同時期のものと考えられる。

井戸跡（図6）

井戸跡は北側の段切り外側に発見されている。確認面での径約二・五mでラッパ状に開き、約四〇cm下から径約一・四五m、深さ約五・五mである。底面からは供献されたカワラケ三点、瀬戸美濃産のこね鉢一点、火鉢一点、覆土中から白磁四耳壺の底部付近の破片、白磁の破片、カワラケ六点が出土している。水位が低く井戸としての機能はあまりなかったと考えられる。何故なら、恒常的に水が含浸していた証である白色化した部分が井戸底面から一mくらいしかなかったことから推測できる。機能としては、特別な用途の井戸ということになろう。もし、飲料水などの新鮮な水を求めるならば、この地は歩いて二〜三分で江古田川の豊かな水を得られる環境にあるからである。このような環境の中でわざわざ井戸を掘るということはやはり特別な意味があったのであろう。底面に供献されたカワラケと陶磁器が検出されていることからもそのことは示されている。周辺から検出されている建物跡や地下式坑などといったものに対する儀礼的な用途に用いられた聖水の採取地としての目的を想定することができる。

地下式坑（図7）

地下式坑は、調査区南西部に一号、北側の段切り外側に二号、の二基が検出されている。二基とも類似した形態をしており、一号が一辺一・六mの平面形不整隅丸方形で深さ約一・五mの縦坑から、幅二・二m、奥行二・〇m、高さ一・三mの平面形平行四辺形の玄室に連なっている。二号が一辺二・三mでラッパ状に開く平面形隅丸方形で深さ約一・五mの縦坑から、幅二・〇m、奥行一・八m、高さ一・五mの平面形四角形の玄室に連なっている。両者は近接する時期が想定できる。

一号地下式坑の縦坑底面と玄室底面からは古瀬戸筒型容器が出土し、覆土からは科学分析によってリン成分とカルシウム成分が多く検出されている。

地下式坑については墓説・倉庫説・室説などがあるが、本遺跡の一号地下式坑はリン分析の結果から見て墓と

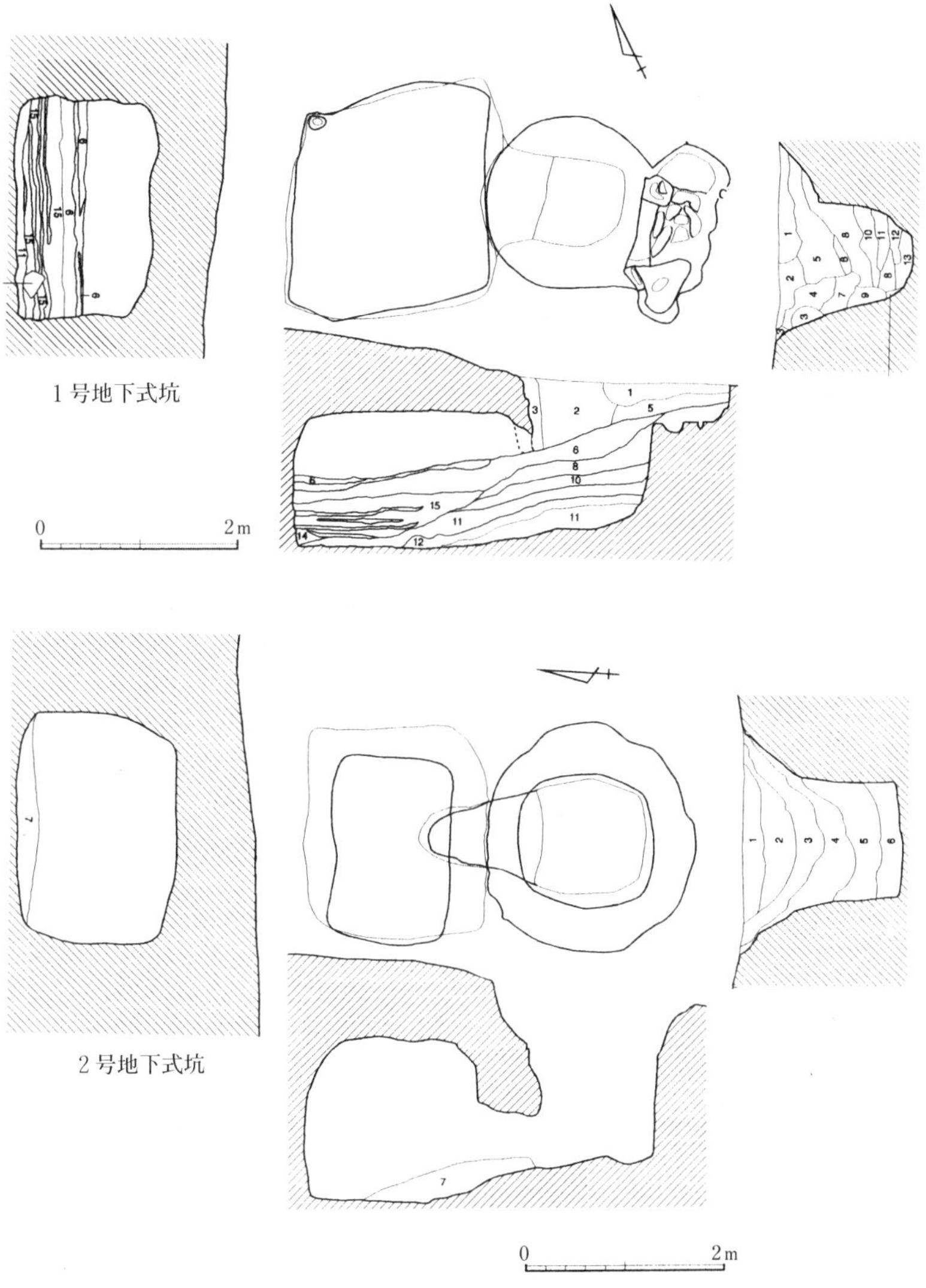

図7　江古田遺跡地下式坑（報告書より改変）

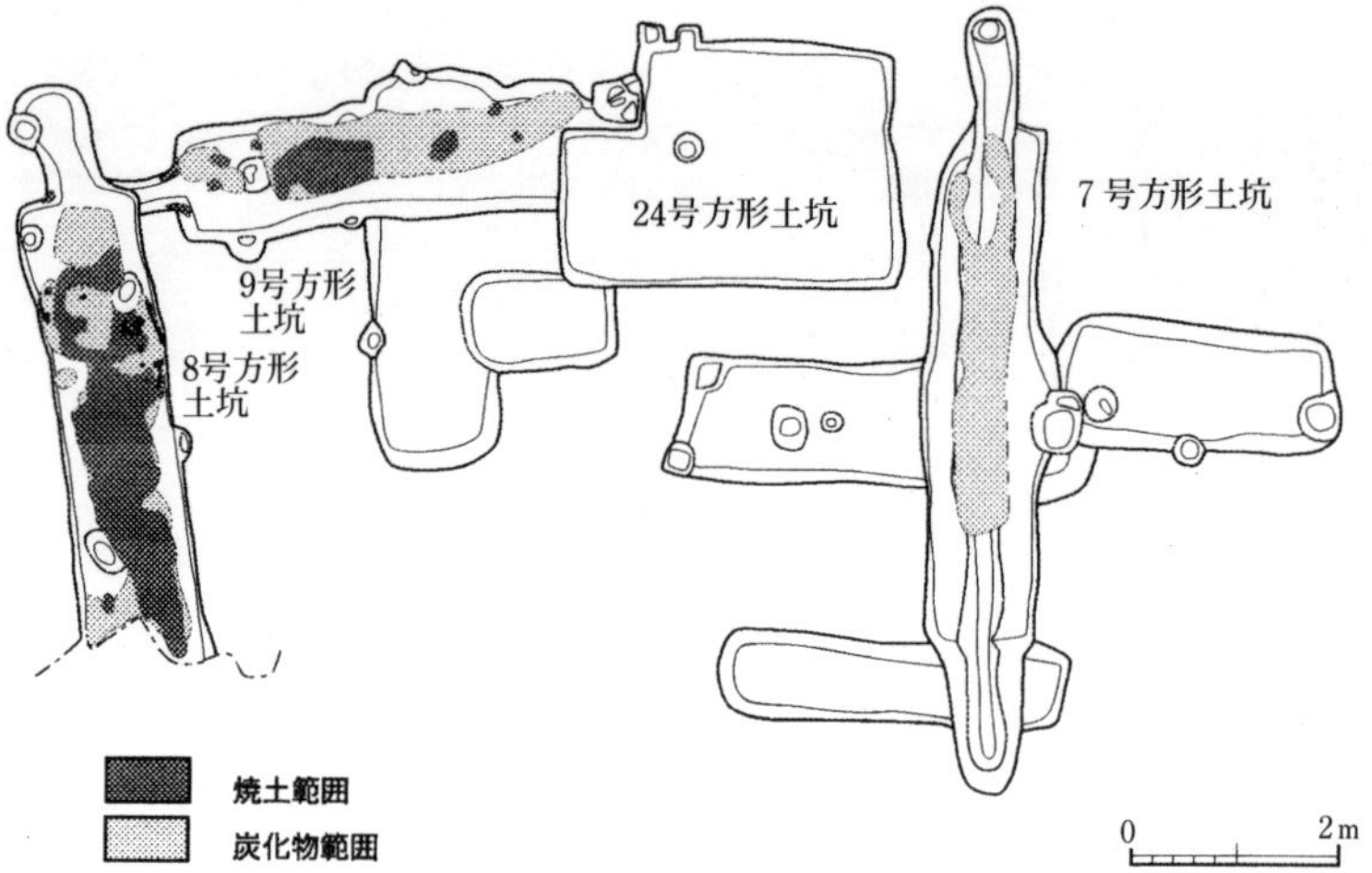

図8　江古田遺跡方形土坑群（報告書より改変）

認識してよいものである。二号からはリンの検出はなかったが類似した形態・規模を持つため、一号と同様、墓と想定して差し支えないものと考えられる。

墓とした場合、このような施設の評価については、「地下式壙の多くは、中世寺院を核とした墓域内に占地していると考えられる。」とし、一四世紀から普及がはじまる禅宗に関連した葬法（江崎一九八五）とする意見を評価するならば、この地下式坑の存在自体が寺院との関連性を明確化していることになるだろう。

長方形土坑（図8）

長方形土坑については、長い長方形で両端に煙出しとも思える溝状の掘り込みを有するもの七・八・九号と、単純な方形もしくは長方形のものとに分けることができる。これらは重複関係を成しており、前者と後者がセットになって同時存在して機能していたものと考えられる。

前者については七号が長軸四・九m・短軸一・三二m・深さ〇・三五cm、八号が長軸四・四m以上・短軸一・一二m・

深さ〇・四九cm、九号が長軸四・五m以上・短軸一・三八m・深さ〇・四〇cm、で底面に密着して炭化物と焼土層が五cmほど堆積しており、中で火を焚いたことは明らかである。また、両端に煙道と思われる掘り込みがあることと、底面にいくつかのピットが認められることから、何らかの上屋構造がある中で火を焚いていたことになる。煙出し（煙道）が設定されている以上、ある程度の密閉性をそこに想定することになろう。このような条件の中で想定される用途としては、炭生産か鍛冶かあるいは火葬ということが考えられる。しかし、鍛冶であればスラグの検出、火葬であればカルシウム分の検出が必須になるがそれらは見い出されていない。また、壁面の被熱は弱いことから鍛冶と炭焼きの可能性は低いものと考えられる。カルシウムの検出はないが、遺跡全体の信仰的要素から考えて火葬にかかわるものと想定しておきたい。

このように底面に炭化物や焼土を残す土坑の類例としては板橋区五段田遺跡（伊藤・谷口一九八六）・三鷹市島屋敷遺跡（小薬ほか二〇〇二）・多摩ニュータウンNo.七九九遺跡（可児ほか二〇〇三）がある。

多摩ニュータウンの例は規模は本遺跡よりも小振りであるが形状は七・八・九号と同一であり、報告者により火葬施設と推定されている。他の二例も火葬に関連したものという把握がなされている。

後者については、底面に柱穴を持つものもあり、上屋構造の存在が想定できる。前者の操業に関連する施設、あるいはそれに伴う作業場の可能性を考えておきたい。その中でも一一号土坑からは陶器片、一四号土坑からは瓦質土器が出土している。

五　各遺構の年代

ここでは、出土遺物の年代観と、年代測定の結果から各遺構の実年代と遺跡全体の実年代について考えてみたい。ＡＭＳ^{14}Ｃの年代測定については国立歴史民俗博物館の協力を得て実施することができた（新免・小林・坂本・尾嵜・村本・松崎二〇〇五）。

一号掘立柱建物跡の年代について

一号掘立柱建物跡からは柱穴から舶載の白磁四耳壺が出土している（カラー口絵、図10—1）。白磁四耳壺は非常に希少価値が高く、後述するように滅多に出土するものではない。寺院や経塚などをはじめ居館などの公的施設に出土し、一般集落で用いられることはまずないものなのである。

わが国での宋代陶磁器の輸入時期についてはⅠ～Ⅲ期に区分されており、東国への波及はⅡ期からと考えられている（亀井・崔・矢部一九七七）。その中で、白磁四耳壺はⅡ～Ⅲ期の間に輸入されており、実年代は一一世紀後半から一三世紀いっぱいの幅で考えられている。型式としては一～三類までの三段階の変化が想定されており（山本一九九五・二〇〇〇）、一類が、頸部が短く、肩部が張り出し屈曲する胴部を持ち、全体に丸みを帯びた形態で、肩部あるいは胴部に一～二条の横線を持つものもある。二類は、頸部がやや長くなり、肩部がなで肩になり胴上半に最大径を持ちその部分は緩い屈曲を示す。下半部は直線的に立ち上がり、全体的に縦に長い形になる。肩部と胴部の横線は消失する。三類としては頸部がさらに長くなり、肩部もなで肩になり胴上半に最大径を持ちその部分は稜線を形成するくらいの屈曲を示す。下半部は直線的に立ち上がり、全体的に縦に長い形になる。肩

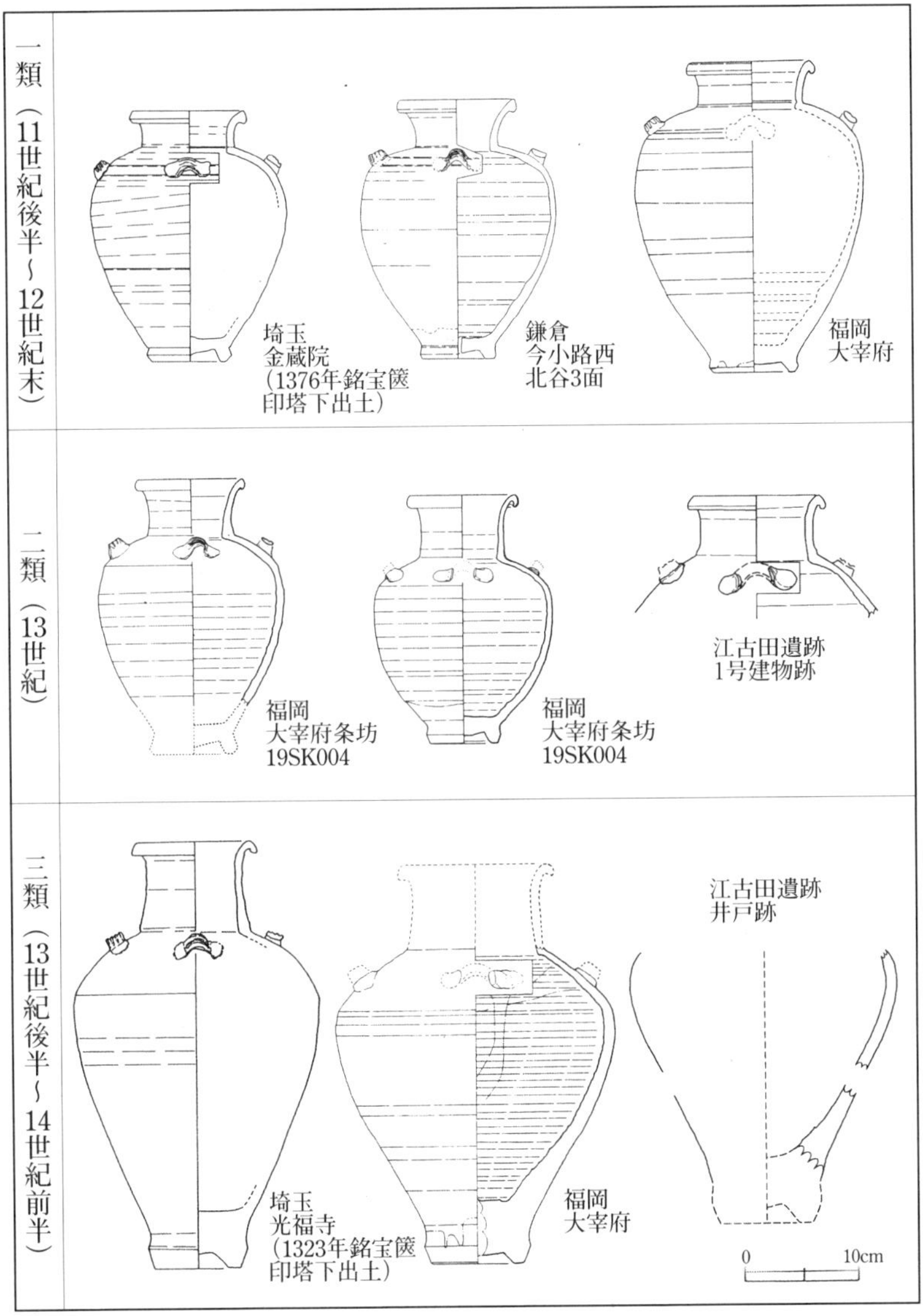

図9　白磁四耳壺編年図〔左側年代は輸入時期を示す〕（大宰府編年を元に筆者作成）

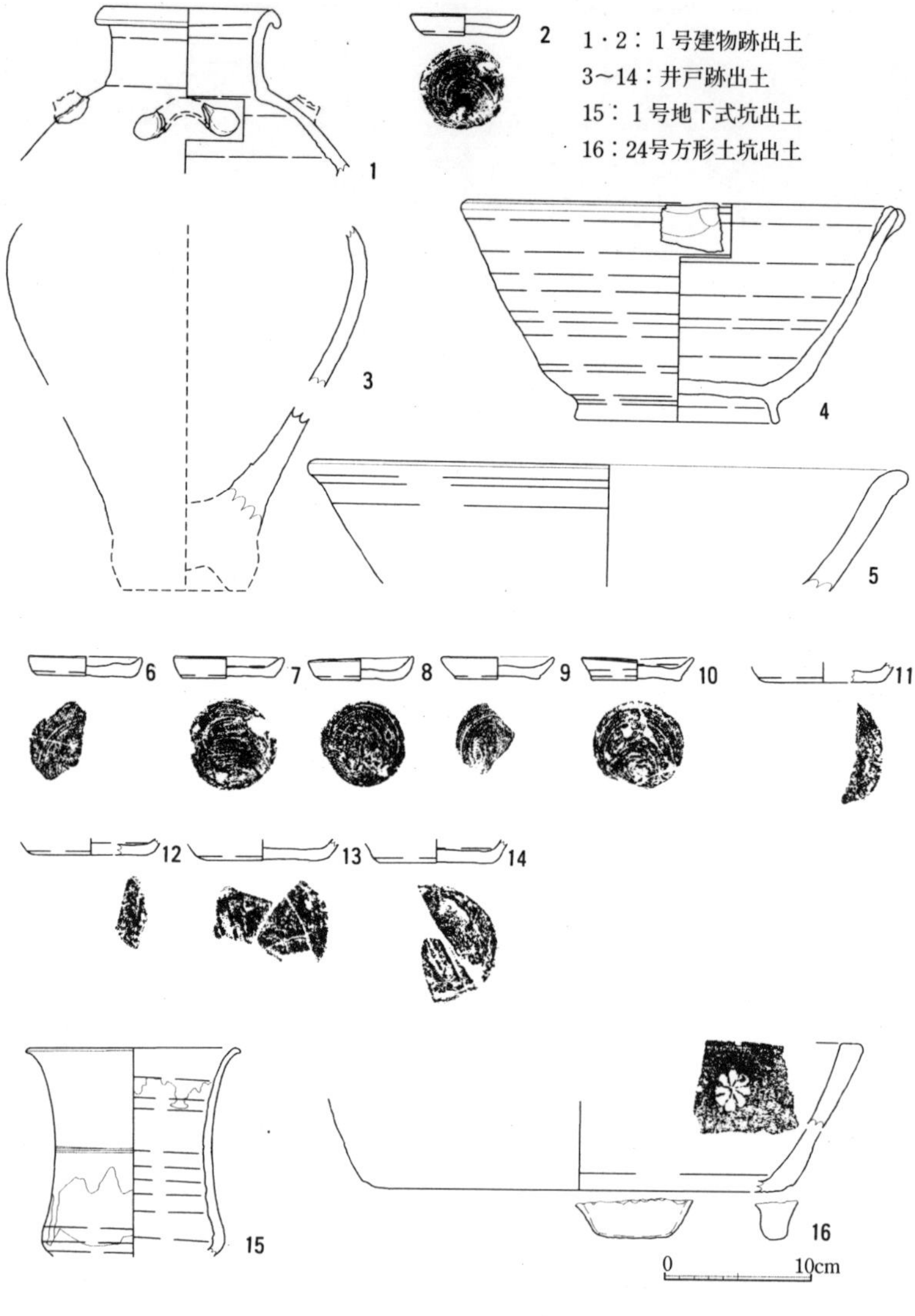

図10　江古田遺跡出土遺物

部と胴部の横線は消失する（図9）。

一類の類例としては、愛媛県石手町経塚出土例・新潟県岩塚白山神社十楽寺経塚出土例・伝滋賀県浅井郡出土例・埼玉県吉見町金蔵院宝篋印塔出土例・京都市栢社八角円堂跡出土例・岩手県丹内山神社経塚出土例・岩手県伝豊田館出土例・鎌倉市今小路西遺跡出土例などが知られる。

二類としては、福岡県大宰府条坊一九ＳＫ〇〇四・足利市樺崎寺跡出土例・近江八幡市古墓出土例・館山市城山下出土例が知られる。

三類としては、福岡県今津古墓出土例・鎌倉市新善光寺境内やぐら出土例・東松山市光福寺宝篋印塔出土例が挙げられる。

この他に福島県会津坂下町陣が峯城跡では一類と二類が出土し（吉田二〇〇五）、福岡県大宰府条坊跡一九ＳＫ〇〇四では両者は共伴している（山本ほか一九八四）。

輸入年代としては大宰府編年では、一類が一一世紀後半から一二世紀末まで、二類が一三世紀、三類が一三世紀後半から一四世紀前半いっぱいが想定されているが、関東では流通の結果、廃棄年代はさらにこれに遅れるようである。実年代を知りえる資料としては、一類の愛媛県石手町経塚出土例では保元元年（一一五六）銘の経筒と共伴している。しかし同じ一類の埼玉県吉見町金蔵院例は永和二年（一三七六）銘の宝篋印塔の下から出土しており使用年代に約二〇〇年間の幅がある。さらに、三類の東松山市光福寺出土例は、元享三年（一三二三）銘の宝篋印塔の下から確認されており、型式の新古とは逆転した実年代が与えられているのである。

また、鎌倉市今小路西遺跡では中世三面から一類の白磁四耳壺が出土しており、同一層からの陶磁器から一三世紀末から一四世紀前葉の年代が考えられている（河野ほか一九九五）。

これらの類例から、白磁四耳壺は珍重されているからこそ伝世していく姿を見ることができ、年代的には、関東では型式の古新にかかわらず、使用年代はかなり下降する年代を想定しておいた方が無難と考えられる。江古田遺跡一号掘立柱建物跡から出土した白磁四耳壺は二類、井戸出土のものは三類であるが、上記した状況から両者合わせて一三世紀から一四世紀いっぱいの幅を考えておきたい。

ここでこの建物跡の性格について触れておくと、白磁四耳壺の類例については前掲したが、それらは経塚・石塔の下部・墓・寺院跡・館跡に限られ、一般の居住遺跡から出土することはないようである。このことから、この建物跡は仏教に関連した施設、仏堂というイメージで見ることができるものと考える。

井戸跡の年代について

井戸跡の底面からは、カワラケ三点が供献されており（図10―7・8・11）、それは一号建物跡で白磁四耳壺と共に出土したカワラケ（図10―2）とまったく同巧であることより、建物跡と井戸跡の共存性は間違いないものと考えられるのである。また、三類の白磁四耳壺の胴下半部の破片（図10―3）が出土していることもこのことを裏づけてくれる。したがって、一号建物跡と同様の時期を想定することができる。

一号地下式坑の年代について

縦坑と玄室底面から古瀬戸の筒型陶器が出土している（図10―15）。この形式の東国での出土は極めて珍しいものである。本例に酷似するものが瀬戸市東山路町傘松窯で出土しており、古瀬戸第四段階に位置づけられ、年代としては一五世紀初頭に比定されている（楢崎一九七七・一九八九）。

二号地下式坑は、玄室底面の炭化物をＡＭＳ^{14}Ｃ年代測定を行なった。その結果、西暦一三四〇〜一四一〇年の時期が与えられている。一号地下式坑と大きく違わない時期が想定できるだろう。

長方形土坑の年代

底面に炭化物と焼土を大量に検出した八号土坑と九号土坑についてＡＭＳ^{14}Ｃ年代測定を行なった。八号土坑では二点の試料から西暦一二七〇〜一三一〇年と西暦一三五〇〜一四〇〇年の値が出ている。九号土坑では西暦一三四〇〜一四〇〇年の値が測定された。二つの遺構には重複関係があり、八号が九号を切って構築されているがＡＭＳ^{14}Ｃ年代測定からはそれを示すまでの値は確認できなかった。一応、西暦一三四〇〜一四〇〇年の幅に両者が収まると考えておきたい。

さらに、作業場の性格を推定した二四号方形土坑からは瓦質土器が出土している（図10―16）。完形品ではないが同一個体である。これはいわゆる奈良火鉢と呼ばれるもので表面口縁付近に八弁の菊花スタンプ文が押され、有脚である。奈良火鉢分類の浅鉢Ⅱ類に属するもので（立石一九九五）、年代としては一四世紀後半〜一五世紀前半と考えられている。段切り遺構からも器面の荒れた瓦質土器が出土しているため、これにも同様な年代を与えておきたい。

遺跡群としての年代幅

前述したようにこれらの遺構群はセットとして同時期存在して、中世地方寺院の景観を成していることが考えられるのである。そして、その時期幅は、一三世紀後半から一五世紀初頭の幅を考えておきたい。

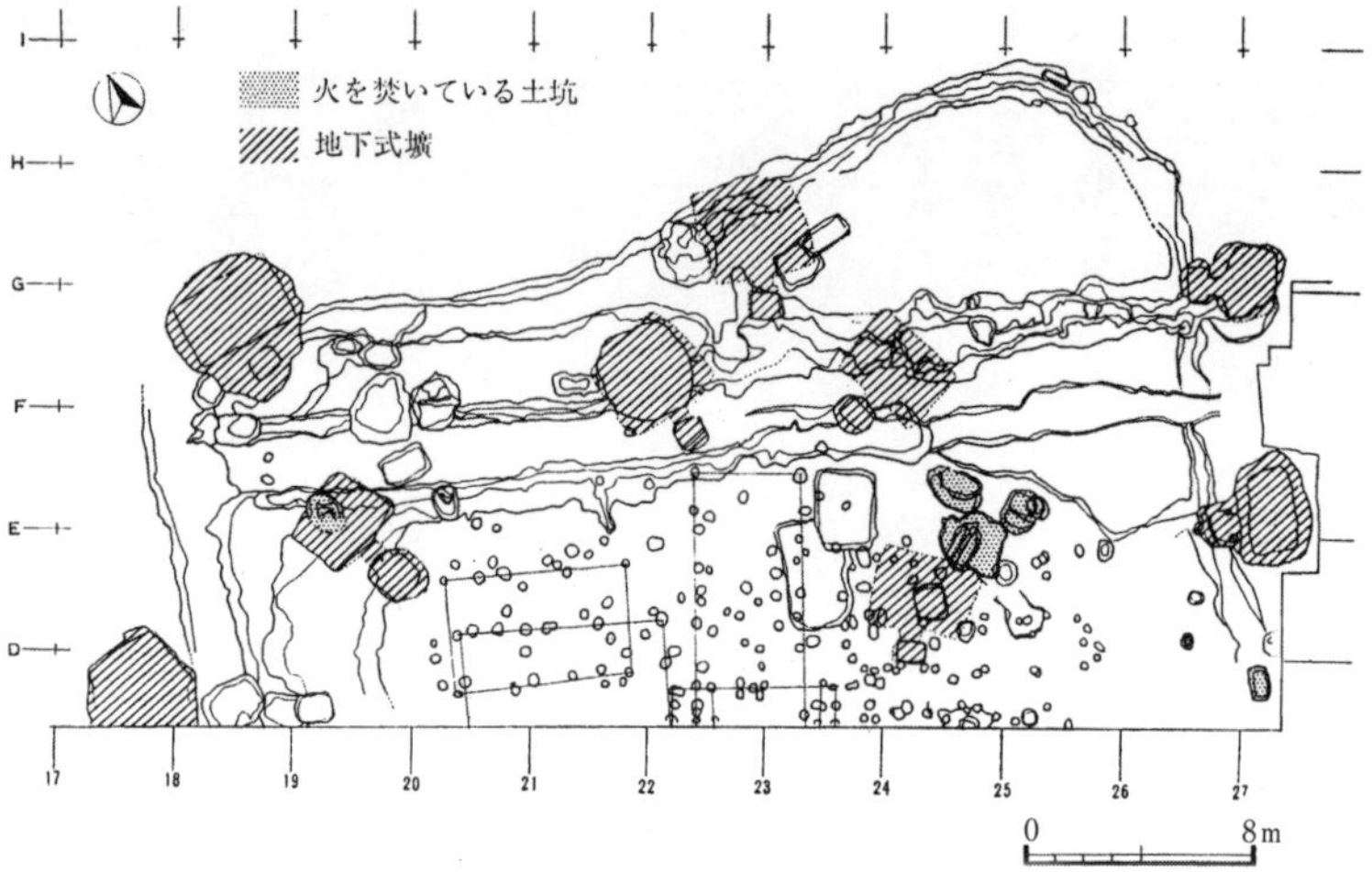

図11　板橋区五段田遺跡段切り部と中世の遺構配置図

六　五段田遺跡との比較（図11）

江古田遺跡の内容について概観してみたが、遺跡の立地や遺構の構成などの点で類似している遺跡として板橋区五段田遺跡が挙げられる。ここで、比較を試みておきたい。この遺跡でも段切遺構によって整地された範囲の中に、掘立建物跡四棟・地下式坑九基・方形土坑一〇基以上・溝・道路状遺構が検出されており、方形土坑の中には火を焚いたものがあることなど類似点が多い（図11）。これらの遺構の時期幅は出土遺物から一五世紀から一六世紀前半あたりと考えられており、時期的にも重なる部分が多い。江古田遺跡との相違点は、掘立柱建物が総柱ではないこと、煙道を持つ長方形土坑がない点、出土遺物に舶載陶磁器がないことなどに求められるが、全体としては類似性の一致を見ることができよう。この遺跡の性格は遺構・遺物から宗教色の強いことが指摘され、隣接する文明一一年（一四七九）創建と伝えられる円福寺との関連性が考えられている。江古田遺跡の後に続く時期の中世地方寺院なのである。

七　ま と め

以上のことから、江古田遺跡の二〇〇四年調査区は、地域に伝えられている江古田の地名の由来ともなる謎の「江古寺」であった可能性が極めて高いことが判明した。そうすると、この寺の景観はどのようなものであったのだろうかが問題となる。まず、第一に間口五間×奥行三間の庇付き建物が総柱であることは住宅建築ではない可能性が高いことを示している。また、間口五間×奥行三間は仏堂の基本的な間取りであり、その前面に拝礼をするスペースを設けたのが現在の一般的な間口五間×奥行四間となるという流れから見ると、本例は仏堂の基本的な規模に相当すると考えてよいだろう。このような例を同時代の絵巻物から抽出してみると正安元年（一二九九）成立の「一遍上人絵伝」（小松ほか一九七八）の中に見ることができる（図12）。上の図は瓦葺きの類例であるが、江古田遺跡からは瓦は一片も出土していないことから、茅葺き・板葺きなどが想定される。そうすると、規模の点が少し異なるが、同じ「一遍上人絵伝」の図12の下の図に見るイメージがより近いものと考えることができよう。

いずれにしても、この建物を本堂として、その右後ろに間口二間×奥行二間の総柱の小型の建物が控える形になる。この建物は僧侶の住まいである庵に相当するものと考えておきたい。前掲の「一遍上人絵伝」には間口三間×奥行二間の庵の様子が描かれている（図13）。規模に違いがあるが、これらのイメージでよいものであろう。

図12 『一遍上人絵伝』に見る中世寺院（上：瓦葺きのお堂、下：板葺きのお堂）
（図12・13は清浄光寺蔵）

図13 『一遍上人絵伝』に見る庵室の状況

図14 『西行物語絵巻』に見る田舎の寺院
（中央公論新社刊『日本絵巻大成』26巻より。国保管）

全体的には室町時代に成立の「西行物語絵巻」（小松ほか一九七九）に描かれている、田舎の寺院（図14）の様子が「江古寺」のイメージに近いのではないだろうか。そして、これらの二つの建物を中心にして、井戸小屋や、方形土坑の上屋、地下式坑などがセットとなって中世の村の小さな寺院の一つとして、存在していたのである。

【参考文献】

伊藤玄三・谷口　榮一九八六『五段田遺跡』円福寺西方（西台三丁目団地）遺跡調査会
江崎　武一九八五「中世地下式壙の研究」『古代探叢』Ⅱ、早稲田大学出版部
可児通宏ほか二〇〇三『多摩ニュータウン遺跡』第一二八集、(財)東京都埋蔵文化財センター
亀井明徳・崔　淳雨・矢部良明一九七七「宋代の輸出陶磁」『世界陶磁全集』一二　宋、小学館
川越市立博物館二〇〇五『中世磁器への招待―地中からのメッセージ―』

河野眞知郎ほか一九九五「今小路西遺跡」『集成　鎌倉の発掘2』武家屋敷編（2）、鎌倉市教育委員会・鎌倉考古学研究所
小薬一夫ほか二〇〇二『島屋敷遺跡』第三次調査、（財）東京都埋蔵文化財センター
小松茂美ほか一九七八「一遍上人絵伝」『日本絵巻大成』別巻、中央公論社
小松茂美ほか一九七九「西行物語絵巻」『日本絵巻大成』二六、中央公論社
新免歳晴・小林謙一・坂本　稔・尾嵜大真・村本周三・松崎浩之二〇〇五「東京都中野区江古田遺跡出土炭化材のＡＭＳ^{14}Ｃ年代測定」『中野区江古田遺跡Ⅱ　発掘調査報告書』（財）自警会・中野区教育委員会・共和開発株式会社
立石堅志一九九五「瓦質土器」『概説　中世の土器・陶磁器』真陽社
鳥居龍蔵一九四〇「上代の野方風致区附近に就て（三）」『風致』第五巻第一号、東京府風致協会連合会
中村宏昌一九九九「景観の移り変わりから見た旧国立療養所中野病院の沿革」『江古田遺跡』Ⅰ、旧国立療養所中野病院跡地遺跡調査会・中野区教育委員会
楢崎彰一一九七七「瀬戸」『世界陶磁全集』三　日本中世、小学館
楢崎彰一一九八九「瀬戸　美濃」『日本の陶磁』古代・中世篇三、中央公論社
比田井克仁・宮下孝優・斎藤由美子二〇〇四「中野区江古田遺跡の調査」『東京都遺跡調査・研究発表会』三〇、東京都教育委員会
比田井克仁・宮下孝優・斎藤由美子二〇〇五『中野区江古田遺跡Ⅱ　発掘調査報告書』（財）自警会・中野区教育委員会・共和開発株式会社
堀野良之助一九六〇『回想』私家版

柳田國男一九六二「地名の研究―地名考説」『定本柳田國男全集』第二〇巻、筑摩書房
山本信夫ほか一九八四『大宰府条坊跡』Ⅲ、太宰府市教育委員会
山本信夫一九九五「中世前期の貿易陶磁」『概説　中世の土器・陶磁器』真陽社
山本信夫二〇〇〇『大宰府条坊跡』XV―陶磁器分類編―、太宰府市教育委員会
吉田浩之二〇〇五「陣が峯城跡」『発掘された日本列島二〇〇五』朝日新聞社

第Ⅲ章　江古田原沼袋合戦と太田道灌の足跡

一　はじめに

室町時代の名将、太田道灌の輝かしい戦歴の中で、江古田原沼袋合戦と石神井城攻略は一躍彼の名を高らしめたものとして知られている。ここでは、この合戦について地域の伝承や発掘調査の結果などを交えて辿ってみたい。江古田原沼袋合戦とは、頼朝を助け鎌倉幕府の創設にも功があった武蔵国豊島郡石神井郷の名族豊島氏と、新興の武将太田道灌との戦いで、結果、豊島氏は滅亡の道を辿ることになったものである。

二　史料による合戦の顚末

江古田沼袋合戦の顚末については二つの史料によって確認することができる。一つは文明一一年（一四七九）一一月二八日付けで太田道灌が山内上杉家の高瀬民部烝へ提出した報告書である、いわゆる『道灌状』と呼ばれるもので当事者による同時代史料としての信憑性が高いものである（須藤一九七〇）。もう一つはこれよりも少し後代の成立であるが、室町時代の関東地方の複雑な政治動向を考える上で必須の史料である『鎌倉大草紙』に見ることができる（群書類従完成会一九五二）。

史料を確認する前にこの合戦の背景になる状況を説明しておかなければならないだろう。当時、関東管領山内上杉氏の家宰（執事）である長尾景春が文明八年（一四七六）に主君上杉顕定に対して上野白井で謀反を起こし関東一円を支配しようと試みた。一方、当時の扇谷上杉氏の当主は上杉定正でその家宰（執事）が太田道灌である。また、謀反を起こした長尾景春の姉妹は石神井城主豊島泰経の妻であり、義兄弟であるという人間関係があったのである。このため、景春が豊島氏と組んで、江戸・川越の往還を分断する動きに出て、これを阻止するために太田道灌と衝突することになったのである。時は文明九年（一四七七）四月一三日のことであった。

以上のことをふまえて、まず『道灌状』では「その十四条　一、同十三日自江戸打出、豊嶋平右衛門尉要害江致矢入、近辺令放火打帰候之処兄勘解由左衛門尉相供、石神井・練馬自両城打出襲来候之間返馬、於江古田原令合戦得大利、平右衛門尉以下数十人討捕、翌日石神井要害江押詰、一往之儀候上者、可腹先忠旨相和候之処、十八日罷出対面仕候。此上者可崩要害旨申候之処、結句相誘偽歴然候之間、廿一日外城攻落候。然間其夜中令没落候。」と記されている。要約すると、太田道灌は文明九年四月一三日に江戸を出て、豊島泰明の居城平塚城（北区）に矢を射て、近隣に火を放って帰った。帰途、兄で豊島氏当主の豊島泰経が石神井城と練馬城（現在の豊島園）から軍勢を差し向けたことを知り、再び取って返して、江古田原で衝突、ここで泰明以下数十人を討捕して大勝した。翌日、本拠地である石神井城を攻め立てた。一八日には城を破却する条件で和議が成立したが、守られず二一日に総攻撃して、その夜、豊島泰経は落ちのびていった。ということになる。

『鎌倉大草紙』を見ることにしよう。「文明九年正月一九日の夜、顕定・憲房・宣政三人。小勢には叶ふまじ。上野へ打越大勢を催し景春を退治すべしとて。太田道真を殿にて利根川をわたり。那波の荘へ引退。景春の一味の族には武州豊嶋郡住人豊嶋勘解由左衛門尉。同弟平右衛門尉。石神井の城、練馬の城を取立。河越の通路を取

切。（中略）同月十三日、道灌江戸より打て出豊嶋平右衛門尉が平塚の城を取巻。城外を放火して帰りける所に。豊嶋が兄の勘解由左衛門を頼ける間。石神井練馬両城より出攻来りければ。太田道灌。上杉刑部少輔。千葉自胤已下。江古田原沼袋と云所に馳向ひ合戦して。敵は豊嶋平右衛門尉を初として。板橋・赤塚以下百五十人討死す。同十四日石神井の城へをし責ければ降参して。同十八日に罷出対面して要害破却すべきよし申しながら。亦敵対の様子に見えければ同十八日に責おとす。」と記されている。『道灌状』との違いは戦死者の数にあるが、おおかたの点では一致しているといえよう。これは『鎌倉大草紙』作成時の資料として『道灌状』に拠っているためという可能性も指摘されている。

三　地誌から見た近世の伝承

『新編武蔵風土記稿』による伝承

『新編武蔵風土記稿』は林述斎の建議によって幕府によって編纂された近世最大の地誌で、文政一一年（一八二八）に完成した（雄山閣一九八一）。これらに記載されている記事は、実地調査に基づいた聞き取りによるもので一九世紀初頭におけるそれぞれの地域での伝承を知るためには必須の書である。これによると、江古田原沼袋合戦の古戦場については野方領江古田村の項に載せられており、『鎌倉大草紙』の記載を引用して合戦の内容を記し、最後に「されば古戦の跡と云う所傳はるべき者なるゆへ、土人に尋るに其所を辨せず」と結ばれている。このことは土地においては古戦場の場所がすでに伝承されていなかったことを示している。事実からすでに三五〇年ほどが経過しており、年月としては記憶が消失する段階にきている。また、付加されたモチーフが出現する段階でもある。

石神井城跡については同じく野方領上石神井村の項に紹介されている。こちらも落城については『鎌倉大草紙』を引用して説明するものであるが、城の説明のあとに「此より北の方に城山と唱ふる地あり、道灌當城を攻ん時ここに砦を築き軍卒を置きし所と云。」という内容が追加されている。これは今までにはなかった情報で、石神井城攻めの時に道灌が陣を張った場所を示すものであると同時に、おほろげながら土地に記憶が残っていたことの証でもある。

『武蔵名勝図会』に見る伝承

『武蔵名勝図会』は、『新編武蔵風土記稿』の編纂にかかわっていた植田孟縉によって著わされたもので文政三年（一八二〇）には完成していたものである（慶友社一九七五）。『風土記稿』編纂の調査資料をもとにしており重複するところもあるが、『風土記稿』にはない情報も載せられている。古戦場については、やはり『鎌倉大草紙』の記載を紹介するに留まっているが、『風土記稿』同様に「江古田の古戦場はいずこなるか不知。」とされている。また、下鷺宮村にある城山について「古城地という程の地形にも見えねど、村の小字名にてここを城山という。（中略）按ずるに文明年中豊島兄弟が構える石神井城の砦なるべし。何人の居住せしこともこの地に伝えずと云。」となっており、現実にこの地域は河川の水系から最も遠い位置で、完全な平坦面が続く地形であるため、植田の観察は正確である。豊島氏の砦説は著者植田の推測で現実には何の由来も伝承されていなかったのであろう。ただし城山という名は合戦にかかわる何らかの係わり合いがあると考えるにあまりある呼称である。陣を敷いたか、駐留したか程度の事実はあるのかもしれない。いずれにしても地名に残す以外伝承が忘却された一例を見ることができる。なお、この城山は上石神井村の城山とは別なもので、下鷺宮村字城山は現在の中野区上鷺宮一・二丁目に昭和七年まで存在した小字名である。

これらの記述から見て、当時の江古田・沼袋地域では合戦のことについてほとんど記憶がなかったのではないかと考えられるのである。何故ならこの合戦についてはいずれも『鎌倉大草紙』の引用や解説で記事を整えており、その場所については地元民に聞いてもわからないと公然と記されていることからも推察される。合戦の事実は、『風土記稿』編纂者である武士層や知識階層にこそ有名であり合戦の顚末までもよく知られていたことにとどまり、現地ではあまり記憶されていなかったものと考えられるのである。後述する合戦に伴う様々な遺構の言い伝えも果たして、『風土記稿』編纂以前からあったものなのであろうか、『風土記稿』や『武蔵名勝図会』の性格から見てこれらについてまったく記述のないことから察するに、この編纂事業を契機に彼ら編纂者によってこの地域に合戦の仔細が伝えられたのではないだろうか、その結果、これ以後村内で発見されたことや伝承されていたことの中から改めて、江古田原沼袋合戦にかかわるものが再認識されたのではないだろうか。これらの地域伝承については後述する。

『江戸名所図会』に見る伝承

『江戸名所図会』は江戸神田雉子町の町名主斎藤幸雄・幸孝・幸成の父子三代に渡って編纂された大著で、幸雄によって寛政年間（一七八九〜一八〇一）に実地調査が開始され、幸孝が追加調査、幸成によって天保七年（一八三六）に完成したものである（角川書店一九七五）。

江古田沼袋合戦については平塚の城跡の項に『鎌倉大草紙』の引用で登場するにすぎない。また石神井城・練

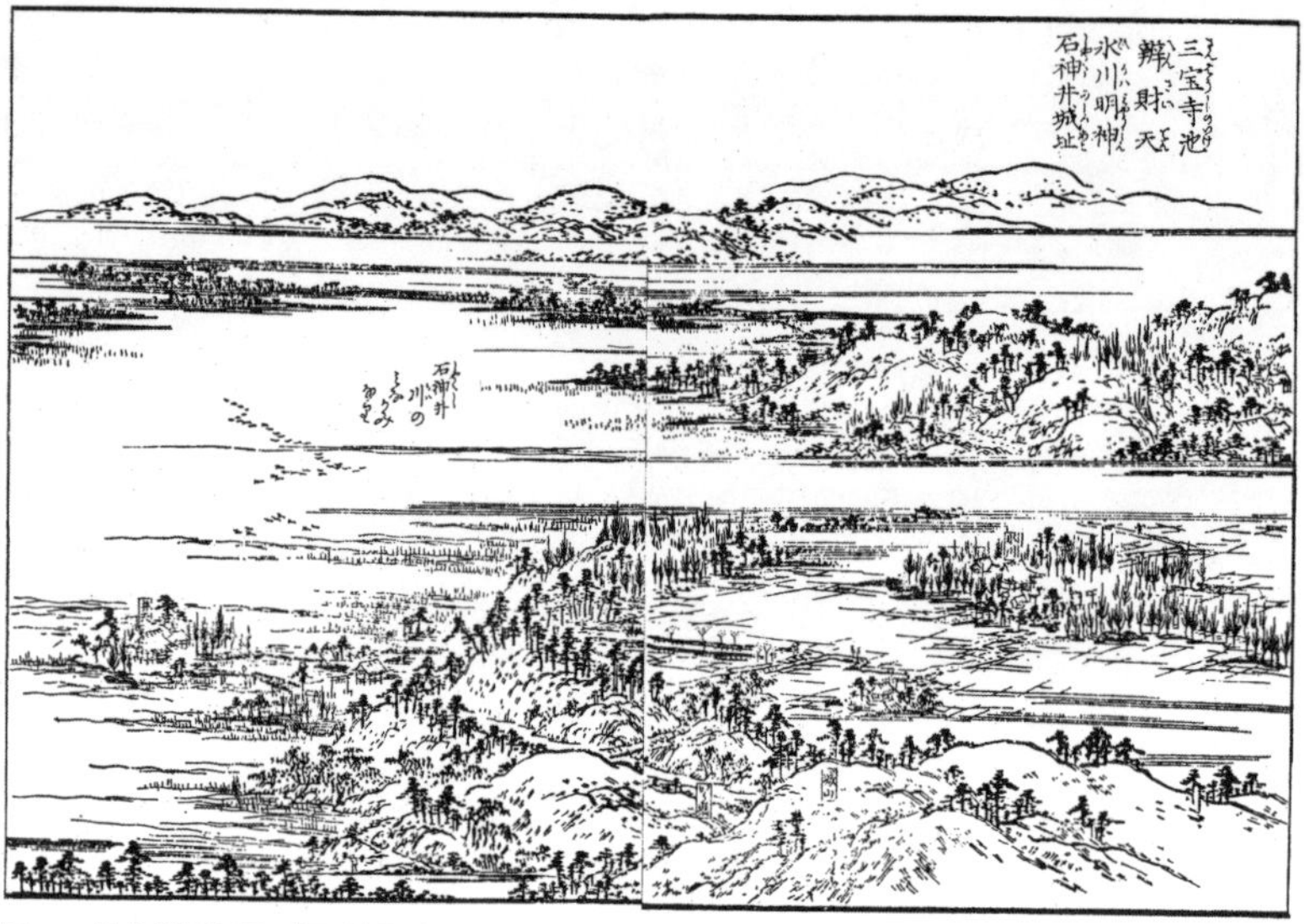

図15　長谷川雪旦画「石神井城址・城山」（『江戸名所図会』より）
右側が主槨部分。氷川神社は現在もある。下方に城山の記載が見える。左側は三宝寺池。

馬城についても同様で『風土記稿』や『名勝図会』と極めて近い記述の仕方をしている。記述の酷似性から見るとあまりいわれていないが、これらの編者の間で資料の情報交換が盛んにあった可能性も考えられる。

『江戸名所図会』でオリジナルな情報としては、愛宕権現の宮の項で「同じ所（三宝寺）西南の林岡にあり。（中略）相伝ふ、太田道灌の城跡なりと。土人は字して城山と唱ふ。」とあり、『風土記稿』で触れられている城山と同一地を指すものと考えられる。また、長谷川雪旦の秀逸な挿絵石神井城跡の図の画面右下に城山の位置を記載しており、その地がどの辺りになるのかが示されている（図15）。さらに堀江家文書に伝わる上石神井村絵図には字愛宕と記載されていることからも、おそらく、これが愛宕権現の宮でありイコール城山の地としてよいものである。そうすると、その場所は現在の早稲田大学高等学院の校地となるのである。

以上、地誌からみた伝承について概観してみたが、その内容は『鎌倉大草紙』を典拠とした説明が主であり、それらとは別な情報としては字名の情報が加わったということになろう。それは、一つが中野区上鷺宮地域の古字「城山」で、地元には合戦の記憶はないもののその名称に何らかの痕跡を認めることはできるだろう。つぎに、石神井城の南西にある「愛宕」もしくは「城山」という字名であるが、太田道灌の砦の跡であるという伝承である。これらは、江古田原沼袋合戦の痕跡を示す重要な資料である。

四　地元での伝承

太田道灌の戦勝祈願

前項までに、史料・地誌による合戦に関連した記録を見てきたが、ここでは文献記録が残されていない地元の伝承について検討を進めたい。

江古田原沼袋合戦の古戦場跡と石神井城跡は、現在では新青梅街道一本で行き来することができる。当時この街道はないが、前身となる道は江戸道あるいは石神井街道と呼ばれ江戸時代には存在しており、二つの地域を結ぶ道として古くからあったことは間違いない。

そして、その周辺には江古田沼袋合戦にちなむ伝承を数多く見ることができる。

まず、太田道灌が江古田原沼袋合戦あるいは石神井城攻めに対しての戦勝祈願を行なったことについてであるが、これは、合戦については沼袋氷川神社・中野区江原の須賀稲荷神社に、城攻めについては中野区本郷氷川神社・東中野氷川神社・練馬区豊玉氷川神社・杉並区荻窪八幡神社に伝承されている（東京都神社庁一九八六）。このうち沼袋氷川神社には道灌手植えといわれる杉「道灌杉」が昭和一九年まで残っていた。手植えの杉の伝承は本郷氷川神社、手植えの槇の伝承は荻窪八幡神社にそれぞれ伝わっている。これらの神社すべてに戦勝祈願したとは考えにくいが、合戦と城攻めとこの中の二つあるいはいくつかの神社に実際に戦勝祈願が行なわれたことを伝えていると判断してよいと思う。

つぎに、地名についてであるが、城山・愛宕については前述したが、中野区若宮地域を「道灌山」と呼んでいたことが明らかにされている（中島一九八九）。若宮地域は江古田原沼袋の戦場から石神井城に向かう方向に位置しており、その点では何らかの関連性を見ることができるだろう。

豊島塚の伝承

合戦の推定地である中野区江古田・沼袋地域には「豊島塚」の言い伝えが広く認められる。

豊島塚とは、江古田原沼袋合戦の戦死者を葬ったといわれる塚のことを指し、現存するものはほとんどないが位置などについては地元古老達の記録によって知ることができる（須藤一九七〇・深野一九七三）（図16）。東側から順に見ていきたい。

四ツ塚は、現在の哲学堂公園北東隅に道をはさんであったという。そのうちの一つは明治四〇年ごろに壊されて家が建てられたが、その時に兜や腐った刀が人骨と一緒に出土した。また、もう一つは昭和一〇～一五年の道路整備によって壊滅したがこの時は何も出土がなかったと伝えられている（鳥居一九四〇a、b）。これらについて鳥居龍蔵は古墳説をとっているが、この地域で兜や刀を出土する古墳、すなわち五世紀～六世紀代のトップクラスの古墳の存在の可能性はきわめて低いため、この説は賛成できない。また、四ツ塚については、鳥居の一九

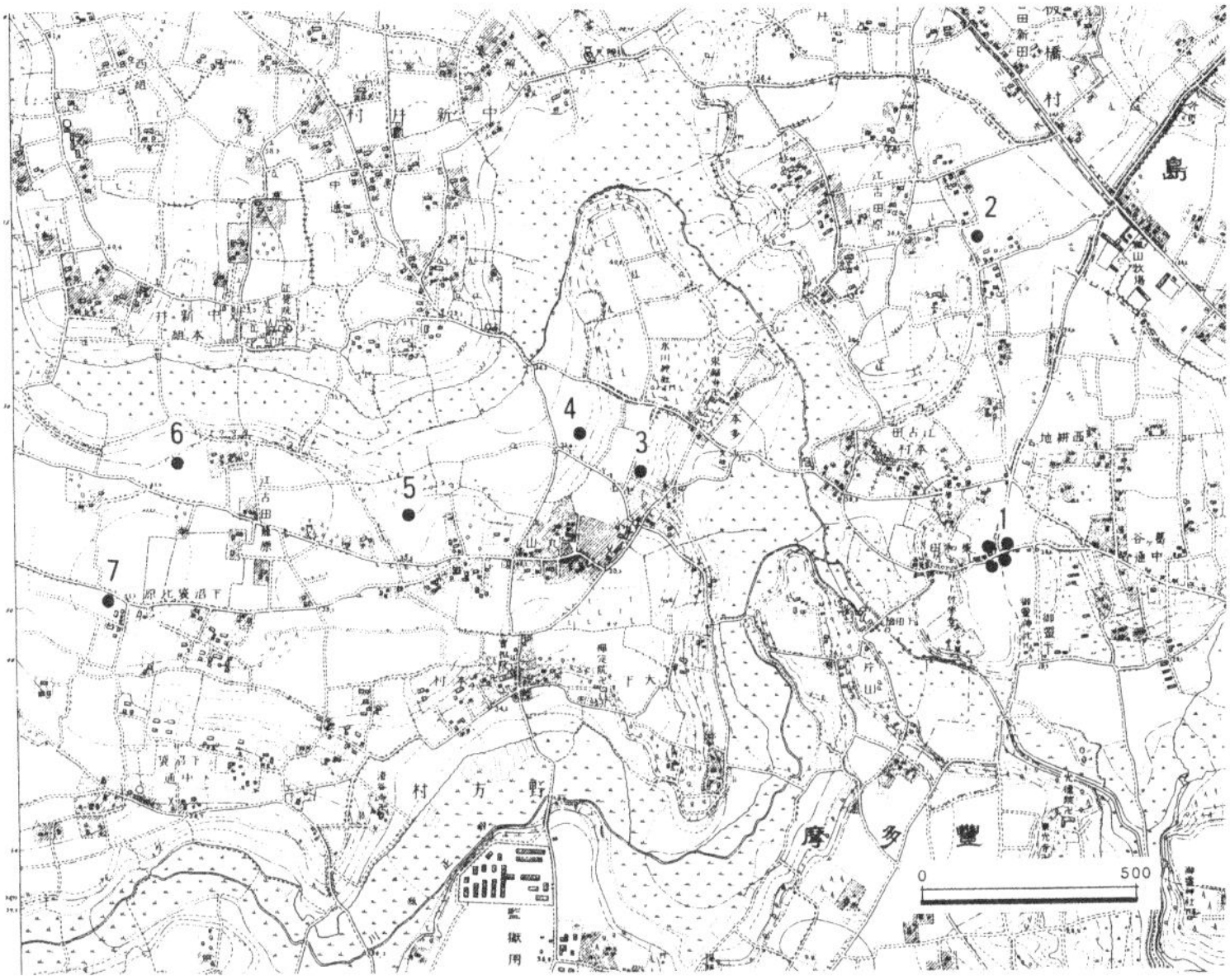

図16　江古田原沼袋合戦・古戦場の地形と豊島塚の分布（明治29年帝国陸地測量部地図より）
豊島塚の分布域が戦場と考えられる。
1　四ツ塚、2　金井塚、3　お経塚、4　稲荷塚、5　金塚、6　古塚、7　大塚

四〇年文献の後ろに編集者が補遺として「この四つ塚に就いては、古い文献の上にも現はれてゐない程、重視、否問題にしてゐなかったらしく記録がない。又土地にもこれに關する口碑さへ傳へられてゐない有様である。」という記述を載せている（鳥居一九四〇b）。したがって、一九四〇年段階には何の伝承もない塚であったということになる。この塚が豊島塚と呼ばれるようになったのは明治四〇年ごろの兜・刀・人骨の出土を評価した郷土史家須藤亮作氏の解釈による可能性が高い（須藤一九七〇）。

つぎに、中野区江古田二丁目二一番にあった稲荷塚では人骨の出土が伝えられており、地元では豊島塚とされていたものである。さらに、この付近の江古田二丁目一四番にあるお経塚は、大正時代に道路工事の砂利置場のため塚を削ったところ、銅の筒と人骨が出土した。銅の筒は道端に置いておいたら盗まれてしまった。このようなことなので塚の上にあった地蔵と馬頭観音を元の位置に戻して祀り直したというものである。銅の筒はおそらく経筒のことであり、人骨の供養として添えられたものであるとすれば豊島塚の可能性は高いものといえよう。金塚は、江古田四丁目四一番にあり、昭和一〇年ごろ道路整備で壊したところ多数の人骨が出て翌年に土地所有者によって供養の石碑が建てられた。この石碑は現在でも残されている。金塚の名の由来は、それ以前に兜や刀などの金属の武具が出土したことからついた名称といわれている。

野方消防署の道の南東向かい側野方六丁目一八番には、明治一五、六年ごろに壊されるまで大塚があった。高さ約五ｍほどある大きな塚であったという。昔、この塚には狐が住みつき付近の農作物に害を及ぼしたので持ち主が塚の大半を崩したところ、刀剣・人骨・板碑などが発見されたという。大塚は別に首塚とも呼ばれており、太田道灌が戦死した豊島泰明や一族の赤塚・板橋氏の首実検をしたあと、丁重に葬ったところと言い伝えられている。

このほかに、金井塚（江原一丁目一一番）・古塚（丸山一丁目二八番）があったが、ともに昭和初年には取り壊されて詳細な内容は伝えられていない。

五　江古田原沼袋合戦を復元する

前項まで、文献記録の情報、地誌による情報、地元の伝承による情報について概観してみた。これらからわかる範囲で江古田原沼袋合戦の経過について復元してみたい。

太田道灌は文明九年四月一三日に江戸城を出て、豊島泰明の居城平塚城を威嚇して、近隣に火を放って帰った。

帰途、兄で当主の豊島泰経が石神井城と練馬城（現在の豊島園）から軍勢を差し向けたことを知り、再び取って返した。この時点で道灌がどこから江古田方面へ進路をとったのかは不明であるが、『道灌状』の「返馬」という記述からは江戸城に戻って改めて兵を出すのではなく、帰路において進路を変えたと解釈するのが順当であろう。

太田道灌と豊島氏の支配地の境界線を明確にすることはできないが、豊島氏と道灌に所縁の神社の分布がこれらを推定する手がかりとなる（図17）。これを見ると、道灌が江戸城鎮護のため勧請した、あるいは再興・戦勝祈願したという伝承をもつ神社は江戸城を取り囲むように神田川流域に分布しており、豊島氏が創建したと伝えられる神社が分布する石神井川流域とは対照的である。これらのことから、両水系の間、すなわち杉並・中野北部が境界を画する地域であったことがわかる。江古田原沼袋はまさに両者の境界のポイントであったのである。ところで、ここで前述の戦勝祈願した神社の位置を確認してみると（図17）、荻窪八幡が西側に離れているが、その他はほぼ中野区内で南北に分布していることがわかる。また、これに豊島塚の分布を重ね合わせると、おぼろげながら合戦の状況が見えてくるのである。もちろんこれらの分布がすべて史実というものではないであろうが、個々では全体のロケーションとして事実を反映しているものと考える。

そうすると、平塚城攻撃から江戸城への帰路どこから進路変更したかは不明であるが、いずれにしても神田川に沿って西に向かったものと思われる。このルートにも二通りが想定できる。まず、神田川の左岸、つまり現在の小日向・目白から落合を経て江古田原沼袋が一つ、もう一つは戦勝祈願した神社の分布から、神田川右岸沿いに西に向かうものである。それは現在の飯田橋から新宿を経て山手通りあたりを北上して江古田原沼袋に至る道

● 大田道灌ゆかりの神社

■ 江古田原沼袋合戦で戦勝祈願した神社

▲ 豊島氏ゆかりの神社

図17　太田道灌・豊島氏に関連する神社（神社名簿は章末の一覧参照）

筋である。一方、石神井城から兵を出した場合、東西方向に流れる、石神井川と神田川水系との間の台地平坦面を東に向かえば途中で河川を横断することなく最短で、江古田原沼袋まで到着することができる。つまり、両者は同じ水系に挟まれた、東西に通じる台地上を互いに東と西に向けて進軍したのである。そして、双方が遭遇したのが、江古田原沼袋であったのである。

互いのロケーションは、眼前の低地に水田面（当時は葦の湿地帯というイメージがある。）が開け、左右方向に妙正寺川、向かい側に再び台地といった地形が展開している。この間は約五〇〇ｍで、台地縁辺に到達した両軍の姿は互いに確認できたと考えられる。このように、両者は東西に対峙する形になったに違いない（図16）。

ここから先は推測に過ぎないが、水田面や湿地帯の中で両者が衝突することは戦略的に得策ではないことから、両軍にとって、太田勢が西側へ豊島勢は東側の台地上に、どちらが先に多くの兵士を上げ、優位に攻め立て押していくかということに尽きるだろう。その点では豊島塚の分布が参考になるが、東側では四ツ塚・金井塚、西側では稲荷塚・お経塚・金塚・古塚・大塚と、圧倒的に西側に塚が多いということがわかる。このことは東側の勢力が西側に及んでそこで双方多くの戦死者を出した事実を端的に示す事例ということができる。白兵戦の展開は台地西側戦線を突破して事態を展開させたのである。現在の中野区立歴史民俗資料館あたりがその中心地となったと推測される。つまり、太田道灌側の圧勝という史実がこの事実に重ね合わせることができるのである。この合戦では豊島泰明ほか、支族の赤塚氏・板橋氏も討ち死にしたと伝えられるが、道灌が彼らの首実検をしたといわれる野方四丁目にあった大塚に伝わる伝承はこのことと重ね合わせて考えることができる。かくして文明九年四月一三日の長い一日は終わったのである。翌日、台地平坦面を西に進み石神井城の南向かい側、城山（愛宕）

の地に到着して、道灌はここに陣を構えたのである（図18）。

六　発掘調査から伝承を見る

ここまで、史料と地誌と地域伝承の点から江古田原沼袋合戦の足跡を追いかけてきた。さていよいよ、石神井城攻めという物語のクライマックスになる。ここでは、石神井城と近年、その場所と姿が明確にされた太田道灌の陣所について発掘調査の成果を概観してみたい。

石神井城の姿（図19）

文献史料によると文明九年四月一四日に太田道灌は豊島氏との決戦に挑むため石神井城に軍を進めた。それでは、その石神井城とはどんな構造であったのであろうか。

石神井城は、武蔵野三大池の一つ三宝寺池を北側に有し、南側には石神井川が東西に流れ、これらに挟まれた東西に長い台地上に立地している（図18）。南北約六〇〇m、東西約六〇〇mで平面形が南西側に斜辺をもつ三角形の地形の中に位置し、北側と南側が崖線で自然に防御され東西間は南北方向の空堀で区画し、いくつかの郭を設け、防御する基本構造をもっている（図19）。範囲北東側には三宝寺池を背後に土塁と空堀を伴う。堀の内法で一辺約一七〇mの平面形不定隅丸方形の主郭があり、主郭東側から南方向に約一五〇mの長さの東限の空堀、主郭西側から南方向に推定約二五〇mの長さにわたり東側に土塁をもつ空堀が郭を構成している。さらに西側を画する空堀が、三宝寺池から南側水田面まで約五〇〇mの長さにわたって存在している。

この石神井城は昭和三〇年（一九五五）以来、一四回以上発掘調査がされており、現在も小金井靖氏を中心に

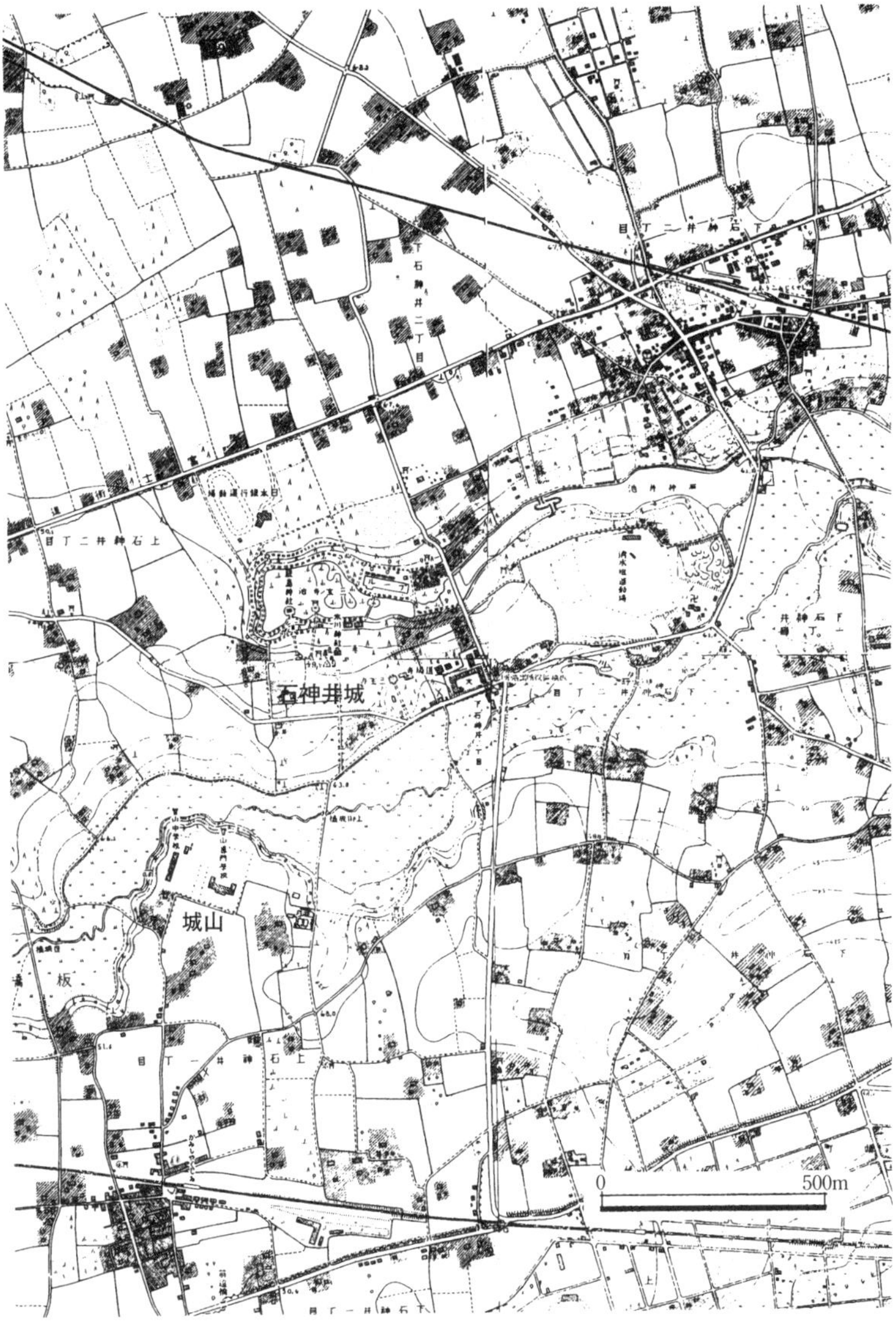

図18　石神井城と城山の地形（明治43年帝国陸地測量部地図より）
水田面をはさんで両者が対峙していることがよくわかる。

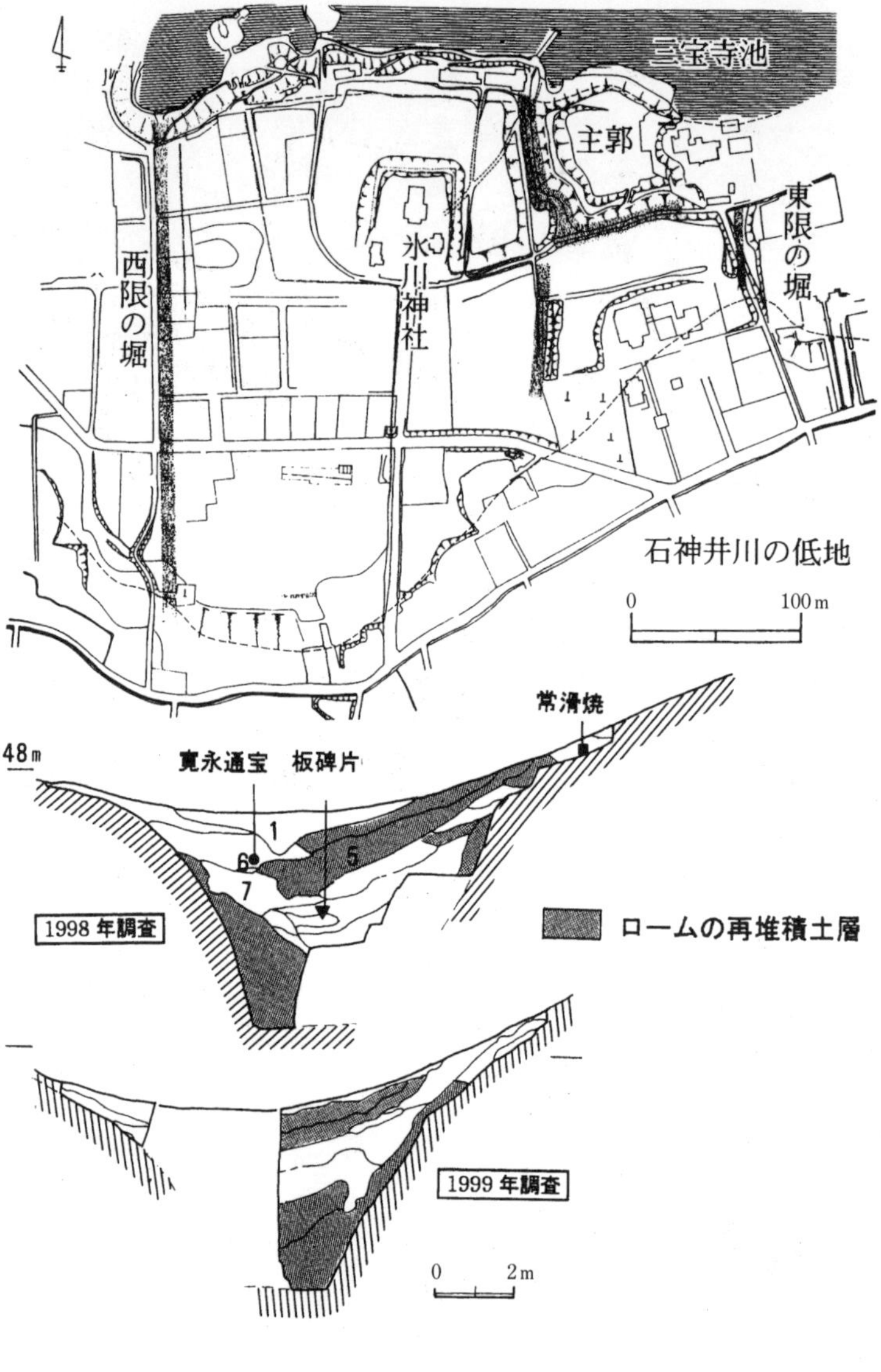

図19　石神井城縄張図・壕の断面図（小金井・都築2004より）

練馬区教育委員会で調査が継続されている。史跡指定の関係上、小規模の調査にとどまるが、着実に進展しており、将来的には大きな成果を結ぶものと思う。

ここでは、現在まで知りえた、主な内容について触れておきたい（小金井・都築二〇〇四）。

主郭の空堀は幅約一一・七～一二・五m、底面幅二・九m、深さ約六mの規模で断面形は底面の平らなV字形を呈している。堀の堆積土の七層下部に宝永四年（一七〇七）の宝永火山灰層がみとめられている。堀底から三～四mの堆積土はローム層の再堆積土で、人為的に埋め戻されたものである。石神井城落城時の破却を示すものと考えられる。土塁は、基底面の幅約一六・三m、高さ約三m以上を測り、構築にあたっては杭を打ち込んで土留めとした上で積み上げて構築されており、構築土から出土した常滑甕片の年代から一四世紀後半に土塁の構築時期を求めることができる。主郭の内部には、庇付掘立柱建物跡や地下式坑三基などが検出されている。出土遺物は、石神井城落城以前のものとしては、一五～一六世紀の舶載白磁壺・皿の破片・一二～一三世紀の舶載青磁壺・常滑焼甕片・渥美焼甕片などが出土している。

以上の成果から、主郭空堀の埋没土に史実との関連性を見ることができる。すなわち、『道灌状』や『鎌倉大草紙』の記載にある、城館の破却を条件とした和平交渉に応じなかったため、総攻撃をかけて落城させたという記述を反映したものと考えることができる。空堀底面に密着して二次堆積のローム層が認められ、底面に自然堆積土が生じる前に埋め戻されていることが明白な点からも指摘できる。

また、西側の境を画する空堀は昭和三三年の調査で、幅約九m、深さ三・五m以上の規模であることが確認されており主郭とほぼ同じ規模の堀である。これに対して、東側の境は、現在の三宝寺と道場寺との境界の道がそれにあたり、埋没した堀の窪みが舗装されて道路となっている。おそらく西側の境界堀と同規模と考えられる。

道灌の陣所、城山遺跡（図20）

石神井城攻めの折の太田道灌の陣所は、地誌や地元の伝承から、古くから字城山（愛宕）といわれていた。しかし、この一帯は畑地、現在は早稲田大学高等学院校地となり、物的な痕跡は何もない状態であったが、一九八九～九〇年に体育施設建設工事に先立って発掘調査が行なわれ、その内容が明らかにされた（松本ほか一九九四）。

字名から城山遺跡と名づけられたここは、北側に石神井川の崖線を控え、対岸約七〇〇mの台地上が石神井城という、城攻めには最適の位置にある。前掲した『江戸名所図会』の長谷川雪旦の図は、多少距離が短縮されているが、両者の位置関係をよく示しているといえよう。

中世の遺構・遺物は校地西側の石神井川崖線寄りのA・D地区から検出されている。遺構は、壕状遺構・掘立柱建物跡・土坑五三基が検出されている。土坑群は一二世紀末～一三世紀初頭の年代が想定されており鎌倉時代には墓地であったと考えられる。その後、壕状遺構・掘立建物跡が構築され、両者は共存していたものと考えられている。このほかに江戸期の溝・時期不明の井戸跡などが検出されている。

これらのうち壕状遺構が他に類例を見ないもので注目したい。この遺構はA地区の西端に位置しており、D地区にその一部が検出されている（図20）。壕の規模は、上端の幅約六・三m、深さ約一・七四m、壕底面の幅二・七mを測り、断面は逆台形となる。平面形状は、壕の外側で南北約一六m前後・東西推定三〇m前後の東西に長い長方形を形成しており、特別な区画として築造されたものと考えられる。南北の主軸方向はN―一三度―Eを測り正確に石神井城方向を向いている。壕内の覆土には、壕底から約一・二m上で宝永火山灰層が堆積して

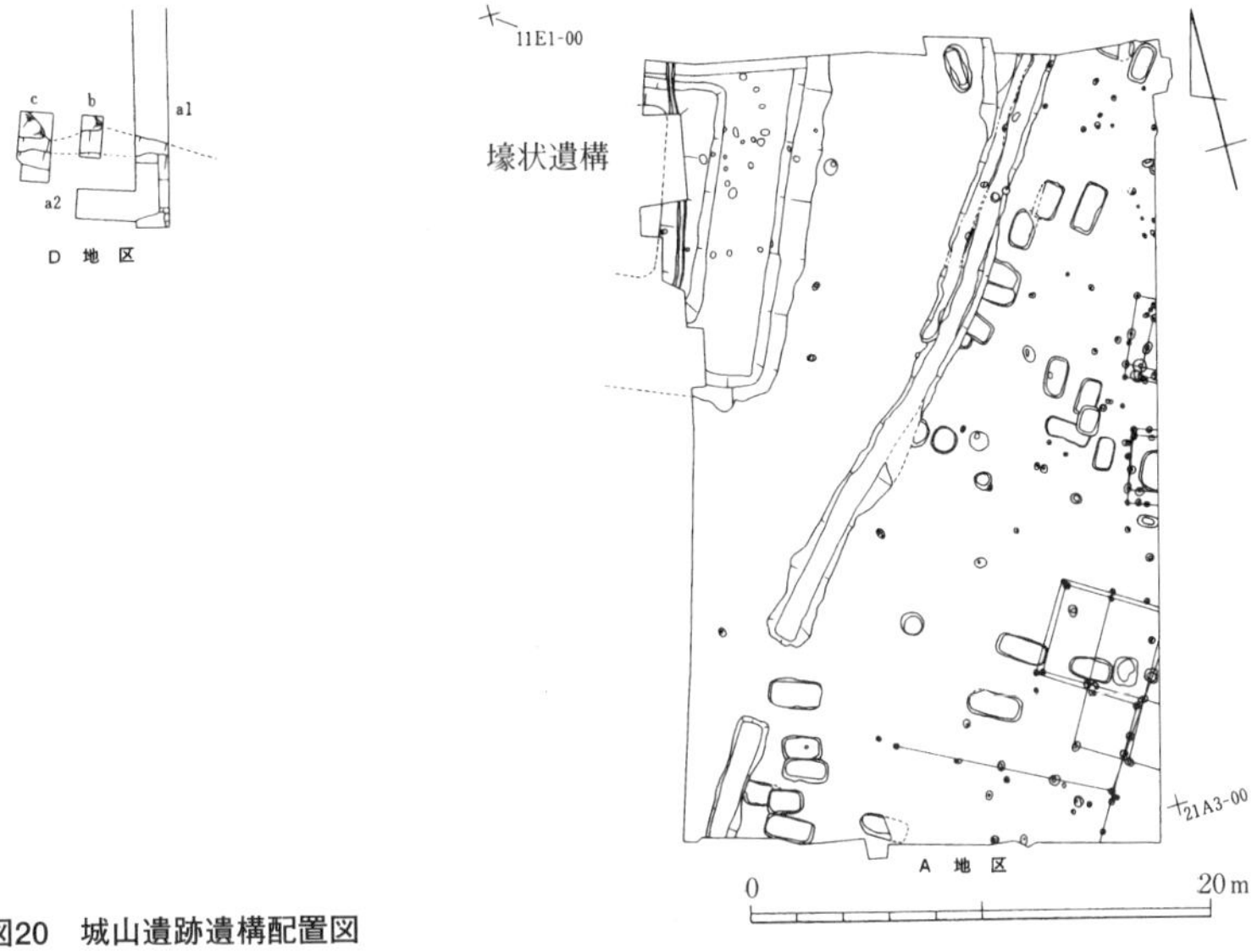

図20　城山遺跡遺構配置図

いるため、ここから上層が一七〇七年以降、下層が以前ということになる。下層からの出土遺物は少ないが、板碑片・一四世紀後半から一五世紀にかけてに比定される常滑焼のこね鉢の破片が出土していることからも中世であることは間違いないものである。宝永火山灰層は前述した石神井城の主郭の堀の中層にも認められ、ここでも落城の際の破却による堀の埋め戻し土から約一・五mほど上で検出されており、このことから、本遺構もともに時期差を認めることはできないと考えられる。したがって、この正体不明の堅牢な壕は石神井城落城と関連性をもったものとすることができると同時に、太田道灌の布陣に伴う遺構とすることができるのである。おそらく、道灌自身がこの壕に囲まれた区画の中に居たと考えたいのである。伝承が実証に変わった姿をこの城山遺跡の調査成果に見ることができるのではないだろうか。

七　まとめ

本章では、武蔵野の名族豊島氏と太田道灌が文明九年四月一三日に戦った江古田原沼袋合戦と、豊島氏の本拠地石神井城の落城という歴史事実を文献史料から確認し、さらにどのような伝承があるのか江戸時代の地誌を概観した。そして、現在土地に伝えられている物証について確認して、最後に遺跡の発掘調査からこれらの内容を検証してみた。このように江古田原沼袋合戦は、歴史・民俗・考古の手法を全部駆使して辿ることができる稀有な歴史事象ということができるだろう。これらの検討結果を総合して合戦の顚末をまとめてみると次のようになろう。

文明九年四月一三日に太田道灌は江戸を出て、豊島泰明の居城平塚城を攻撃して、近隣に火を放って帰った。帰途、兄の豊島泰経が石神井城と練馬城から軍勢を差し向けたことを知り、再び取って返した。道灌は神田川流域に沿って、途中の神社に戦勝祈願をしながら進み、江古田原の水田（葦の原）を一望できる台地に到着したところで、向かい側に豊島勢と遭遇したのであった。

水田を挟んで、東側の台地（江古田一丁目側）と西側の台地（江古田四丁目・丸山・野方）の両者で白兵戦が展開され、多くの死者を出しながら、やがて太田勢が西側台地上に押しよせてここで豊島勢が総崩れとなり石神井城へと退却していったのである。この時、豊島泰明と一族の赤塚氏・板橋氏以下数十人を討捕して大勝した。彼らの首は首実検の後に大塚（野方六丁目）に葬られた。

そして各所に打ち棄てられた屍はそれぞれ付近に埋められ、豊島塚となった。これらの処理の終了後、さらに軍を西に進め、鷺宮・井草を経て、翌四月一四日には、石神井城を一望できる字城山（愛宕）に到着して、ここに東西に長い長方形の範囲を壕で囲んだ施設を構築して陣を構え、攻撃が開始された。やがて一八日には城の破却を条件に和議が成立した。しかし、一向に城は破却されないため二一日に総攻撃が開始されて石神井城は陥落した。落城に伴う、城の破却は主郭の堀の覆土に示され、自然堆積土がない状態で、土塁側と西側の土が崩され埋められていることからも見ることができる。

これらの出来事は『道灌状』『鎌倉大草紙』に記録されるが、約三五〇年後の文政年間に『新編武蔵風土記稿』の編者が江古田村を訪ねて合戦のことについて聞き取りをした段階にはすでにその時は古戦場の位置はわからなくなっており、おそらく合戦があったこと自体も人々から忘却されていた可能性があることは前述した。『風土記稿』の編者によって改めて知らされた合戦の顚末は、村内における豊島塚の伝承を思い起こさせ、あるいは合戦に結びつけたりして、そのことは現代まで伝承されていくのである。

【参考文献】

角川書店一九七五『新版江戸名所図会』
群書類従完成会一九五二『群書類従・第二十輯　合戦の部「鎌倉大草紙」』酣燈社
慶友社一九七五『武蔵名勝図会』
小金井靖・都築恵美子二〇〇四『石神井城跡発掘調査の記録』練馬区教育委員会
児玉幸多・坪井清足ほか一九七九『日本城郭大系』第五巻、新人物往来社
須藤亮作一九七〇『物語・豊島氏』郷土史話の会

東京都神社庁一九八六『東京都神社名鑑（上巻）』
鳥居龍蔵一九四〇a「上代の野方風致地区付近に就いて」三『風致』五巻二号、東京府風致協会連合会
鳥居龍蔵一九四〇b「上代の野方風致地区付近に就いて」四『風致』五巻二号、東京府風致協会連合会
中島恵子一九八九『口承文芸調査報告書　続中野の昔話・伝説・世間話』中野区教育委員会
深野良之助一九七三『江古田のつれづれ』私家版
松本　完ほか一九九四『城山遺跡の調査』早稲田大学校地内埋蔵文化財調査室
峰岸純夫・小林一岳・黒田基樹一九九八『豊島氏とその時代―東京の中世を考える』新人物往来社
雄山閣一九八一『大日本地誌大系　新編武蔵風土記稿』第六巻

【第三図出典】

1　日枝神社（江戸城の鎮護、文明一〇年の建立と伝える）〔千代田区永田町〕
2　平河天満宮（江戸城の鎮護、文明一〇年の建立と伝える）〔千代田区平河町〕
3　筑土神社（江戸城の鎮護、文明一〇年の建立と伝える）〔千代田区九段北〕
4　柳森神社（江戸築城の際の鎮護、長禄二年の建立と伝える）〔千代田区神田須田町〕
5　太田姫神社（江戸築城の際の鎮護、長禄元年の建立と伝える）〔千代田区神田駿河台〕
6　椙森神社（天文二年、道灌が雨乞いをしたと伝える）〔中央区日本橋堀留町〕
7　常盤稲荷神社（江戸築城の際の鎮護、長禄二年の建立と伝える）〔中央区日本橋本町〕
8　湯島天神（神社）（文明一〇年に道灌により再建されたと伝える）〔文京区湯島〕

9　櫻木神社　（江戸城の鎮護、文明年間の建立と伝える）〔文京区本郷〕
10　熊野神社　（文明年間に道灌により再建されたと伝える）〔港区麻布台〕
11　桜田神社　（文明年間に道灌により再建されたと伝える）〔港区西麻布〕
12　久国神社　（江戸城築城に際して寛正六年溜池のほとりに建立と伝える）〔港区六本木〕
13　千代田稲荷社　（江戸築城の際の鎮護、長禄元年の建立と伝える）〔渋谷区道玄坂〕
14　荻窪八幡神社　（道灌、石神井城攻めの戦勝祈願をすると伝える）〔杉並区上荻〕
15　高井戸八幡神社　（長禄元年、道灌の家臣柏木左衛門に命じて建立）〔杉並区下高井戸〕
16　王子神社　（紀州熊野を勧請して、豊島氏の鎮護としたと伝える）〔北区王子本町〕
17　平塚神社　（豊島氏が源義家から拝領した鎧を埋めたと伝える）〔北区平塚〕
18　八幡神社　（太田資清が建立、道灌が文明元年に再建と伝える）〔北区赤羽台〕
19　氷川神社　（豊島経泰が元久三年に建立したと伝える）〔板橋区氷川町〕
20　氷川神社　（応永年間、石神井城の鎮守として建立したと伝える）〔練馬区石神井台〕
21　厳島神社　（豊島氏により建立と伝えられる）〔練馬区石神井台〕
22　氷川神社　（道灌、江古田原沼袋合戦の際に戦勝祈願したと伝える）〔練馬区豊玉南〕
23　春日神社　（豊島氏により建立と伝える）〔練馬区春日町〕
24　諏訪神社　（豊島経泰が建立、文安年間に道灌が参詣したと伝える）〔荒川区西日暮里〕
25　品川神社　（道灌、文明一〇年に風水害・疫病退散を祈願したと伝える）〔品川区北品川〕
26　初音森神社　（道灌、文明年間に社殿寄進と伝える）〔墨田区千歳〕

27　熊野神社（豊島清光の娘の事故死を機に建立と伝える）〔足立区本木南町〕
28　諏訪神社（道灌、応仁三年社殿を再建と伝える）〔新宿区高田馬場〕
29　赤城神社（寛正元年に道灌により建立と伝える）〔新宿区赤城元町〕
30　稲荷神社（江戸城完成を祈願して建立と伝える）〔新宿区新宿〕
31　神楽坂若宮八幡神社（文明年間、江戸城鎮護のため建立と伝える）〔新宿区若宮町〕
32　天祖神社（豊島景村が元弘年間に巣鴨の鎮守として建立と伝える）〔豊島区南大塚〕
33　妙義神社（文明三年以来、道灌が出陣の折に神馬・宝剣を奉納すると伝える）〔豊島区駒込〕
34　神明氷川神社（文明元年、江戸城鎮護のため建立と伝える）〔中野区弥生町〕
35　上高田氷川神社（道灌、江戸城築城の際しばしば参詣すると伝える）〔中野区上高田〕
36　沼袋氷川神社（道灌、江古田原沼袋合戦の際に戦勝祈願したと伝える）〔中野区沼袋〕
37　東中野氷川神社（道灌、江古田原沼袋合戦の際に戦勝祈願したと伝える）〔中野区東中野〕
38　須賀稲荷社（道灌、江古田原沼袋合戦の際に戦勝祈願したと伝える）〔中野区江原町〕
39　本郷氷川神社（道灌、江古田原沼袋合戦の際に戦勝祈願したと伝える）〔中野区本町〕
40　市ケ谷八幡（江戸城の鎮護、文明一〇年の建立と伝える）〔新宿区区市谷〕

第Ⅳ章　城山居館跡の実像

一　はじめに

東京都内において、徳川家康の江戸入府直前の様子を知ることは非常に難しい。文献史料も多くはなく伝承や遺跡を手がかりに検討していくことしかないが、問題の遺跡自体がきわめて少ないのである。特に中世居館跡についは伝承が残るもののその実際の状況が解明された例はほとんどないといってもよいだろう。その点で、中野区中野一丁目に存在していた「城山居館跡」は部分的ではあるが、発掘調査によってその内容と時期が明らかにされた点と、文献・伝承から館の主が明確にされた稀有な例ということができるため、ここでその内容を紹介しておくことにしたい。この居館跡は神田川の支流である桃園川流域に位置している。桃園川はほぼ東西方向に流路をもち、城山居館はその左岸、南側に低くなる緩斜面に築造され、南側前面は水田面と桃園川に面している(図21)。このように、背後に台地、前面に水田を持つ立地条件は、典型的な中世土豪クラスの居館として捉えられ、その存在は古くから知られていた。

都内で土塁と堀を持つ居館としては、世田谷区奥沢館・立川市立川氏館・国立市三田氏館などが知られており、

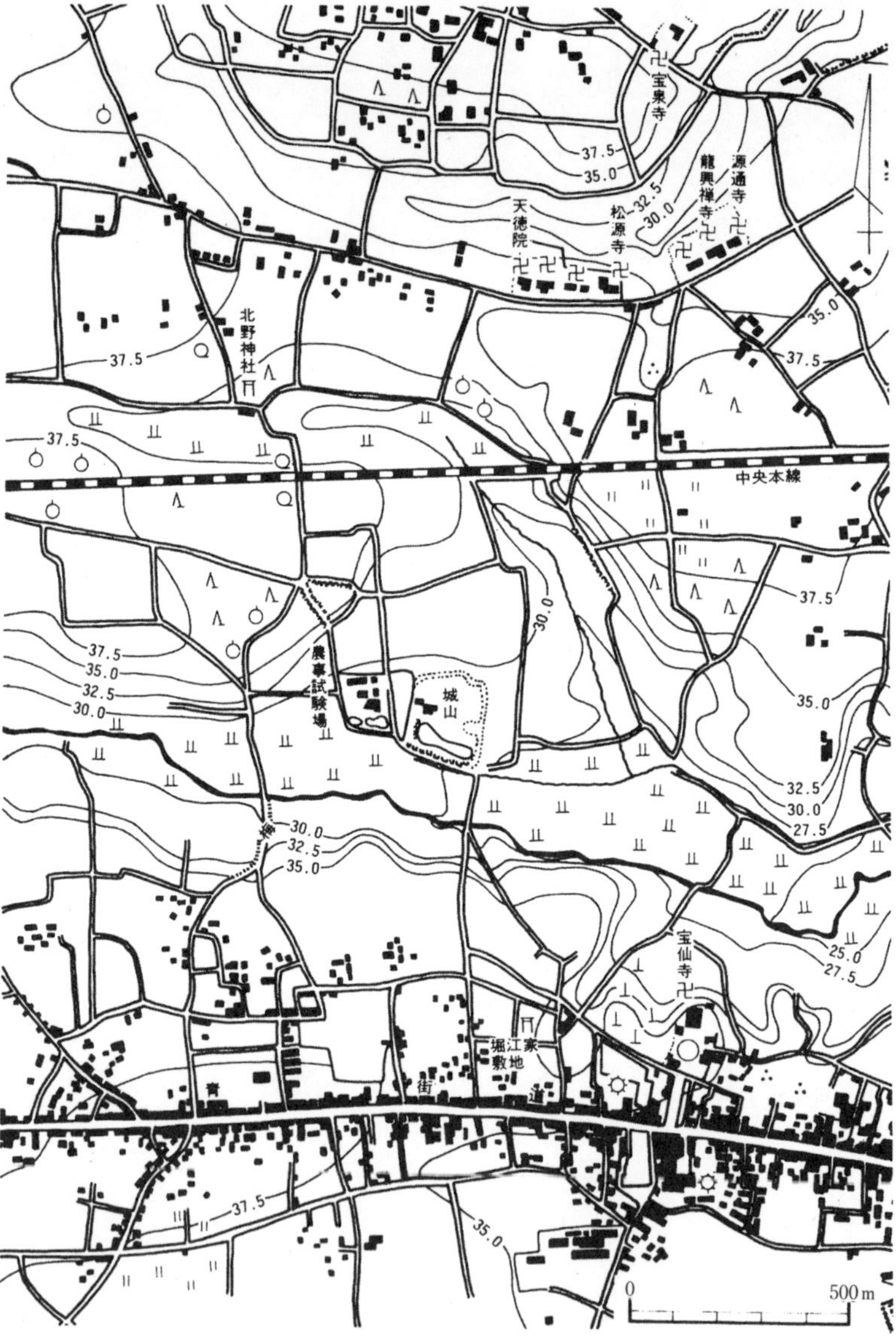

図21　城山居館跡の立地と周辺地形（明治42年帝国陸地測量部地図をもとに作成）

城山居館も景観としてはこれらと比較することができるものである。

二　発見された遺構群の概要と時期的分別

城山居館跡では、空堀の一部と居館内部の一部が発掘調査されている。調査は、一九九一年に居館内部調査区八四一㎡と二〇〇三年に北側張り出し部の空堀部分調査区二三三㎡の二カ所で行なわれた。

居館内部調査区では、中央と南側が中世面より約〇・六mほど掘り下げられ、通路部分が形成されている。この部分は硬化面が広がり、南北方向に幅一・三mの荷車のわだち跡が幾重にも検出され、盛んに通行していた有様を見ることができるが、わだちは北側未調査範囲の方向に延びていくため、この先に目的地である倉庫があった可能性が高い。

通路部分の西側は基壇状になり掘立建物跡が数棟検出され、居館の主たる建物のエリアと考えられる。これらの建物は大型で数回の立て替えが認められている。

通路部分の東側は、約〇・六mほどの高さの段になり、土塁に平行して幅一〇〜一二mの平坦部分を作り出しており、掘立建物跡三棟・井戸・柵列などが造られ、居館内の附属施設のエリアと推定される（カラー口絵、図22）。

土塁は、居館内調査区では南北方向に約三七mが確認され、空堀の排土を積み上げ叩きしめて構築されている（カラー口絵）。内側居館側には幅一・二m、深さ〇・四m、断面逆台形の側溝を有している。空堀部分調査区では土塁そのものは削平されていたが構築土の基底部分が検出されており、これらから当時の規模を復元すると基底幅約七mで、中世面からの高さは約二・五mとなる。

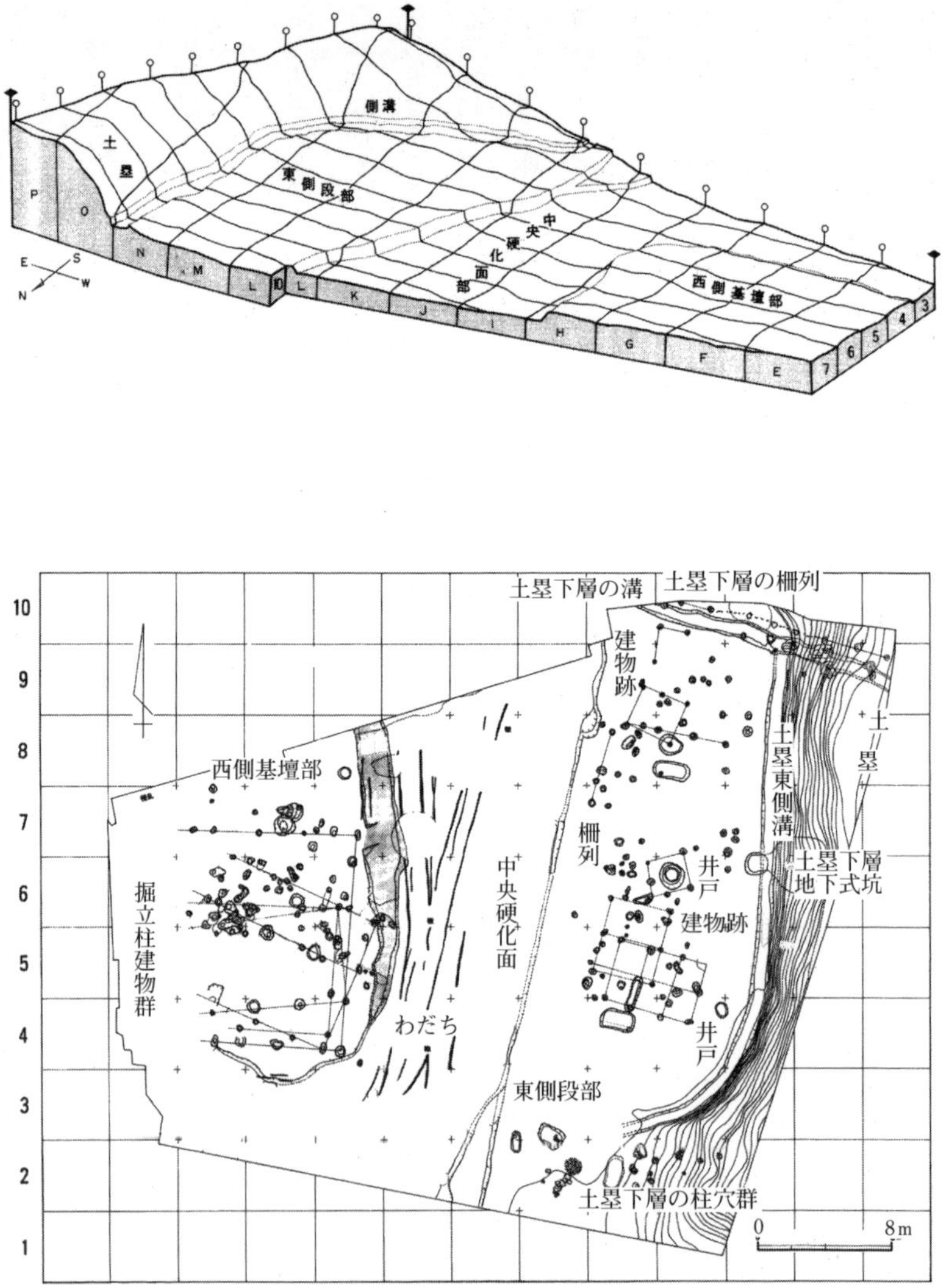

図22　城山居館跡居館内部調査区（上：居館内部復元図　下：遺構配置図）
（比田井・工藤1991より一部改変）

空堀は、幅約七ｍで中世面からの深さは約二・八ｍ、溝底幅二・七ｍの規模である。溝底面には方形の枡形の掘り込みが並び、いわゆる畝堀・障子堀となっている。また、土層観察から土塁と堀の間に幅一・五ｍの犬走り状の平坦面があったことが確認されている（カラー口絵、図23）。

このほかに、居館内調査区では土塁下層に溝跡とそれに伴う柱穴列・地下式坑などが検出されている。また空堀部分調査区でも土塁下層から溝跡二条が検出されている。居館内調査区の地下式坑は土塁構築版築土が玄室に陥没しており土塁上面もこの部分が落ち込んでいる。これは土塁構築の段階で地下式坑の玄室が中空状態であったことを示しており、引いてはその存在を知らなかったことを示している。何故なら、中空の玄室の真上に版築作業を伴う土木工事をすることは考えられないからである。これらのことから土塁構築以前に溝と柵列を伴う施設、つまり小規模な居館と、地下式坑が存在していたことが考えられ、しかもこれらは土塁を伴う居館とは直接連続することはなく、古いものであることが判明しているのである。

これらの結果により、土塁・空堀を伴う遺構群の段階と、それ以前の段階と二時期に分けて考えることができる。ここで前者をⅠ期遺構群、後者をⅡ期遺構群として検討を進めていきたい。

三　史料と調査知見から見た城山居館の全体像

この居館跡については、近年まで土塁が残存していたことからも、城山という呼称で様々な記録を見ることができる。以下、抜粋してみよう。

戦国期に後北条氏の小代官を務め、その後中野村名主となった堀江家に伝わる堀江家文書の中で、寛延三年

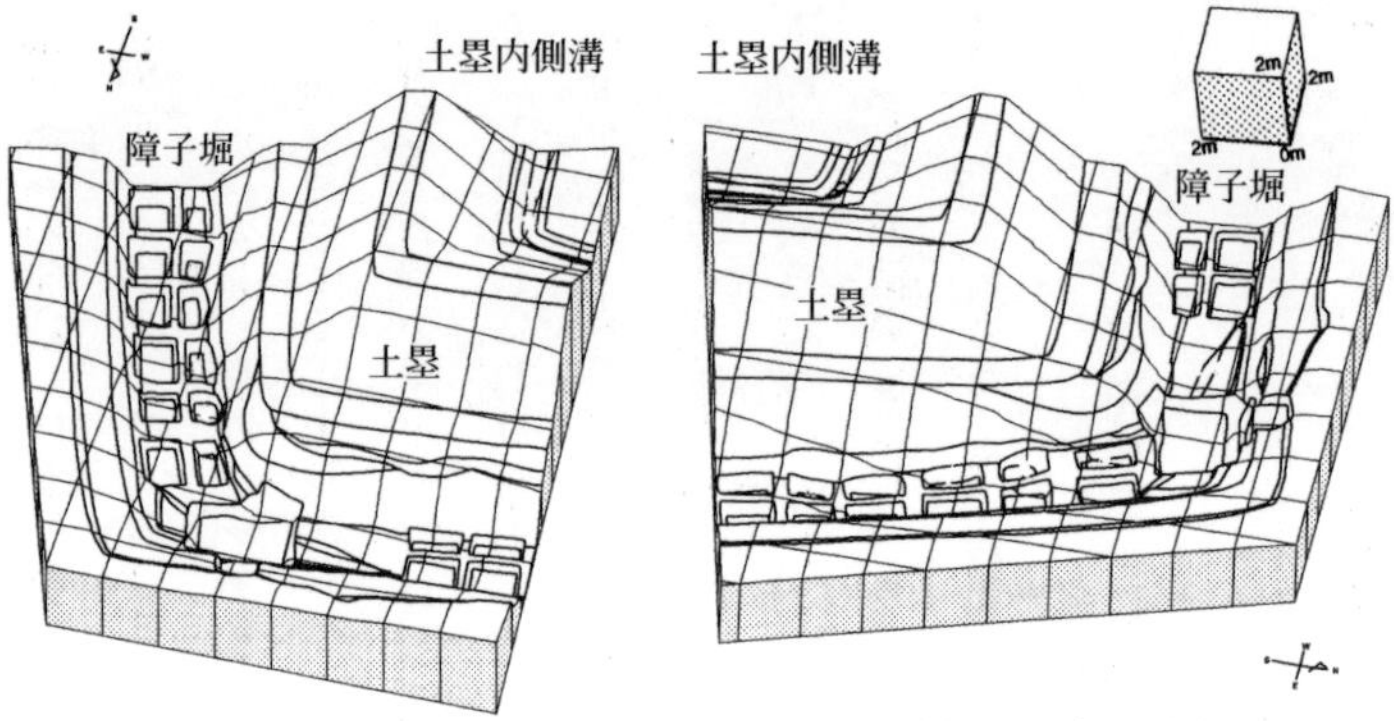

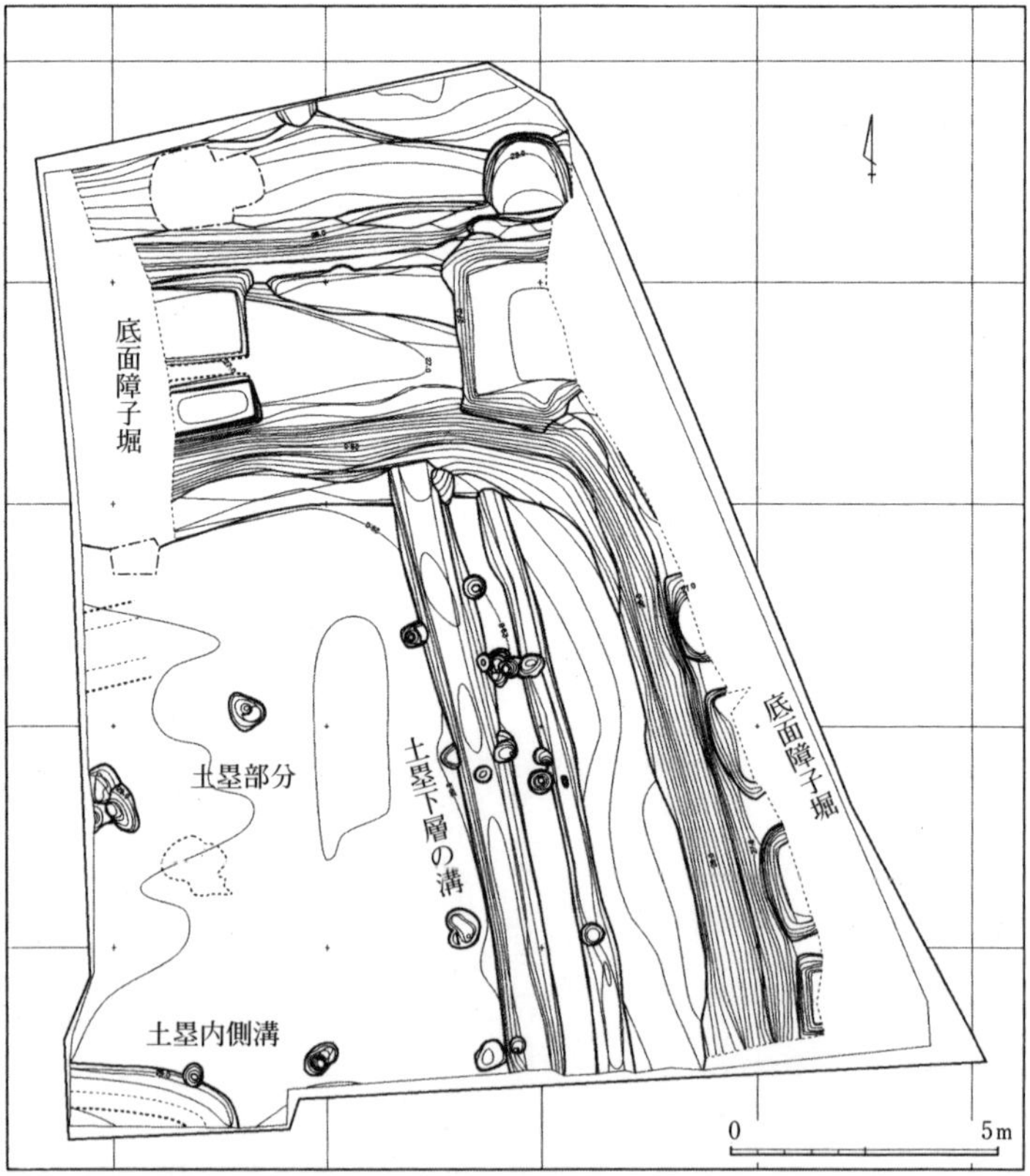

図23　城山居館跡空堀部分調査区（上：土塁空堀復元図　下：遺構配置図）
（比田井・宮下・斎藤2003より一部改変）

（一七五〇）四月の「村鑑帳」には「中野村の内九百坪程土手を築、から堀をほり候処御座候。此所を前々より城山と申し伝候、（後略）」（文中略は筆者、旧漢字は直してある）という記載が見られる。

また、東京府豊多摩郡役所編纂の大正五年（一九一六）『東京府豊多摩郡誌』には「城山、大字中野小字谷戸なる、農事試験場の東方に接続せる地にして、今も尚ほ幅三間許の濠を廻らし古城塞の俤を存す」と記されている。

高橋源一郎の昭和四年（一九二九）『武蔵野地理』第二冊ではさらに具体的である。「中野城山、中央線鉄道中野駅の東方数町旧字谷戸（中略）は昔より城山と呼ばれて居た。（中略）洪積層台地の突端で、幅三・四間、高さ相当の土塁と濠の址とが昔から残って居た。今は若干旧形を改めたけれども、しかもなほ邸の東北西三面には、歴然として土塁の跡を見ることができる。是によって旧形を察するに、城は南北数十間、東西また是に近く、やや長方形の土塁で四方を囲まれていた。」とする。

これらのことから、少なくとも昭和初期までは、土塁・空堀についてはほとんど完存しており、典型的な方形区画館として認識することができる。さらに高橋源一郎の記述は「別に東南隅に小出丸の様なものがあった。又西北隅辺にも小出入があってやや複雑な形をしていた」と続いており、これと明治四二年陸軍陸地測量部一万分の一の地図に記載されている土塁表示と、大正七年撮影の航空写真、昭和二三年撮影の米軍の航空写真、さらには近隣住民の覚えなどを加えても、単郭の方形区画館ではなく、その南東側に外郭の存在していた可能性が高く、おそらく高橋の指摘する西北隅の出入りとは、居館内部調査範囲のあたりをさすものと推測される。

これらの調査結果から推定される土塁部分の範囲は、東西約一〇〇～一二〇m、南北約一二〇～一三〇mの北側が一部張り出し、若干南辺の広い方形となり、これに幅七mの堀が廻るという景観になる（図24）。

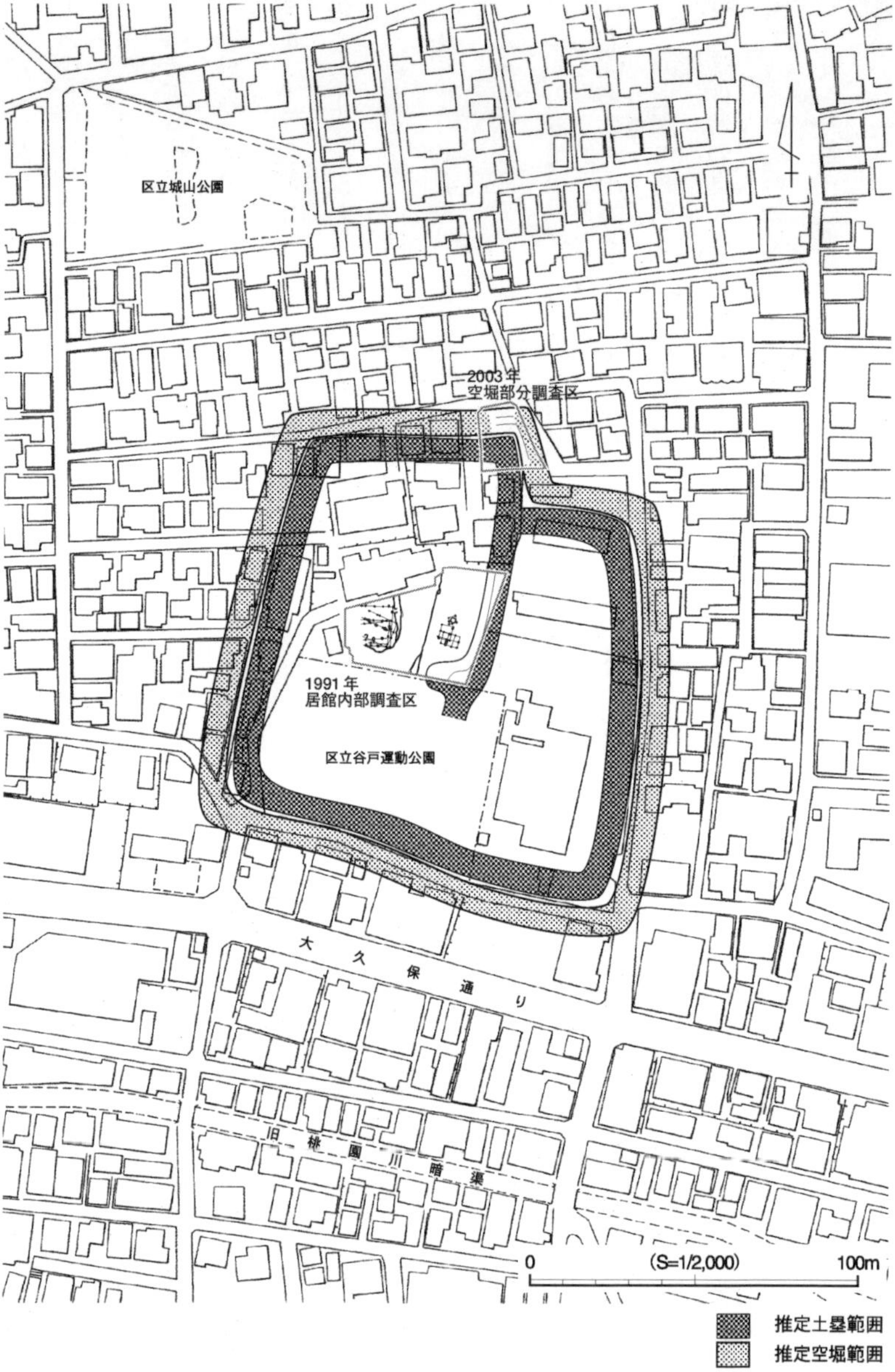

図24　城山居館復元想定図（比田井・宮下・斎藤2003より）

堀江家文書の「九百坪程土手を築」の場所はこれらのうちでも、その主たる部分、すなわち約六〇m四方の主郭部分、居館内部調査範囲を指すものとして理解してよいであろう。

以上が土塁と空堀を伴うⅡ期遺構群の復元範囲ということができる。

つぎに、土塁下層のⅠ期遺構群についてであるが、これに関しては遺構自体が地表面で確認されないこともあり、当然ながら古記録には載ってこない。発掘調査の結果から考えてみると、溝跡は、居館内部調査区北東側で土塁の下から東西方向に長さ約一五mにわたって検出された。規模は中世面で幅一m前後、深さ一・二mで一間間隔の柱穴列を北側に伴っている。また、同様の規模の溝と平行して小規模の溝二条が空堀部分調査区の土塁下で南北方向に約一一m以上検出されており、形態の類似性から二つの調査区の溝は、連動するものと理解される。

これらの溝は柵列を伴う溝として把握することができ、時代的には遡ると思われるが横浜市神隠丸山遺跡で見られるように、この程度の溝でも居住区を区画する溝として充分に機能している類例もある。これらは橋口定志分類の区画施設A種に相当するものである。また、本例のように溝や柱穴列が土塁下に発見されるものも群馬県矢島館跡に類例を求めることができる。これらについても橋口氏は土塁や堀をもつ居館に先立つ居館の存在を示唆するものとして理解されており、城山例も同様な見方をすることができると考えている。

これらのことからⅠ期遺構群は、Ⅱ期遺構群の北側に広がる溝と柵列を伴う別な居館の存在を示しているのである。

四　館の主について

城山居館跡が古くから知られていたことは前述したが、その主についても様々な言い伝えがある。列挙してみると、平将頼・平忠常・太田道灌・中野氏・平重俊・堀江氏といった具合である。このうち、平将頼・平忠常については伝承の典拠が不明瞭である点と、後述するように調査所見から考えられる年代と明らかな齟齬があることより、除外されよう。

太田道灌についても、中野区内に道灌と豊島氏が戦った江古田原沼袋合戦の古戦場があることから、周辺には道灌杉はじめ山吹の里伝説などの伝承地が沢山あり、英雄ならでは史実に迫るのが困難であることから、その可能性を保留しつつ除外しておきたい。

中野氏については、応永二七年（一四二〇）の熊野那智大社「米良文書」江戸氏庶流書立の中に記載が見える江戸氏の流れをくむ実在の氏族である。その事跡については何ら記録を残さないが年代的には符号するので候補となろう。

平重俊については、堯恵法印という僧の記した紀行文『北国紀行』の文明一七年（一四八五）六月二八日の項に「武蔵ののうち中野といふ所に、平重俊といへるが催しによりて、眇々たる朝露をわけ入て眺望するに。」という記述が見られ、これについても平重俊は実在の人物と考えられ、候補として挙げられる。

堀江氏については、堀江家文書から、その成り立ちについて大石学氏が詳細に検討されている。それによれば、堀江氏の先祖は堀江兵部と称し、永享年間（一四二九～四〇）もしくは弘治元年（一五五五）に越前国より百姓一八名を率いて中野郷（現在の新宿西部・中野区・杉並区・武蔵野市・三鷹市東部一帯）にやってきて、一帯を開発した。やがて後北条氏の小代官を務め、近世には中野村名主鷹場筋触次役など広域支配にかかわる役職を歴任しながら幕末に至る旧家である。近世の堀江氏の屋敷地は青梅街道沿い、現在の中野警察署西側一帯にあり、慶長年間（一五九六〜一六一四）の青梅街道の整備に伴って屋敷地を構えたと考えられる。それ以前の居住地は前述の堀江家文書、寛延三年（一七五〇）四月の「村鑑帳」の後段に「此所を前々より城山と申し伝候、此儀古来名主卯右衛門先祖屋舗に而御座候、尤唯今は御年貢地に而名主卯右衛門代々所持仕候、本途の城跡にては無御座候。此外城跡の類一切無御座候。」という記載が見られ、また、同じく堀江家文書、寛保三年（一七四三）の史料に「（前略）本屋敷、三拾弐間、上萱野三反二畝歩、三拾間（中略）右場所之儀貴殿先祖居屋敷ニ有之候由、前々より城山与申伝来候」（文中略は筆者）という内容も見られる。これらを現代の数値でいえば、五七・六ｍ×五四・〇ｍ、面積約三三七四㎡となり、約千坪である。前述史料の九百坪に百坪ほどの差があるが二つの史料は同一地を指していることは疑いない。つまり、発掘調査が行なわれた居館内部調査区がこれに該当するのである。

　このように見てくると、Ⅱ期遺構群の主は堀江氏と考えて間違いないであろう。

五　城山居館跡の年代

　前項においてⅡ期遺構群の主が堀江氏であることを検討してきたが、ここではその築造年代についてⅠ期遺構群も含めて考えていきたい。

　まず、発掘調査結果から見たⅡ期遺構群の上限についてであるが、土塁構築土下層から出土した緡銭一七枚の年代幅から考えてみたい。これらの銭は土塁構築直前の土層から検出されたもので、Ⅰ期遺構群の年代にも関連するものである。これらは唐銭一枚・北宋銭一三枚・明銭三枚で構成されている。初鋳年代が最新のものは永楽通寶で一四〇八年となる。しかし実際にわが国で勘合貿易などによって全国的に流通するのは一五世紀中頃とされている。

また、状況証拠ではあるが寛永通寶が伴わないことから少なくとも一六三六年以前のものとなろう。いずれにしても遺物のあり方からすればⅡ期遺構群の上限は一五世紀中頃を遡らないということになる。また、その下限は堀江氏が屋敷地を青梅街道筋に移す慶長年間（一五九六～一六一四）以前となる。さらに別な要素から時期をせばめていきたい。

遺物の要素から追究できるのは残念ながらここまでが限界であるが、次に遺構の要素から見ていきたい。注目されるのは、この居館跡が畝堀もしくは障子堀を採用している点である。これらは空堀の底面に枡状の掘り込みを施し、敵から侵入を防ぐ機能をもったもので、格子状になるものを障子堀、枡が横に一列に並ぶ形になるものを畝堀と称するものである。

後北条氏支配地域によく認められ、典型例としては三島市山中城跡例が有名である。この形態の堀は必ずしも後北条氏特有なものとは限らないが、現状ではこの時代を遡る明確な例はないことから、それ以降と考えるのが合理的である。したがって、後北条氏の関東進出に伴って持ち込まれた堀の形態であったとすることができる。とすると北条氏綱が武蔵進出を果たした大永四年（一五二四）以降と考えるのが蓋然性が高いといえるだろう。

堀江氏が後北条氏の小代官に任命されたのがいつなのかについては不明であるが、堀江家に残されている天正四年（一五七六）の後北条氏から小代官あての虎判状の存在から考えれば、その時点で小代官であった堀江氏は、当然居館を本拠地にしていたと考えるのが自然であろう。これらのことから堀江氏の居館であったⅡ期遺構群の築造時期は一五二四年から一五七六年までの時間幅の中で捉える妥当性が高いと考えられるのである。

Ⅰ期遺構群については、それ以前の年代の中から、応永二七年（一四二〇）段階の中野氏、文明一七年（一四八五）段階の平重俊といった実在の人物にその主を求めることになろう。

六　まとめ

中野区城山居館Ⅱ期遺構群は、二次にわたる発掘調査や地元の記憶、古地図・古写真などから復元すると、東西約一〇〇～一二〇m、南北約一二〇～一三〇mの北側が一部張り出し、若干南辺の広い典型的な方形居館である。これに幅約七m、高さ約二・五mの土塁がめぐり、その外側に幅約七mで深さは約二・八m、溝底幅二・七mの規模の畝堀あるいは障子堀をもつという景観になる。

築造年代は、一五二四年から一五七六年までの時間幅でとらえることができ、廃絶年代は慶長年間が想定できるものである。まさに、後北条氏から徳川氏への激動期に相当し、中世方形居館としては終末期の類例ということになろう。現在は、宅地化されその全貌を明らかにすることはほぼ不可能であるが、地域の一土豪の館の類例としては貴重な遺跡ということができよう。

Ⅰ期遺構群については全体像を復元することはできない状況ではあるが、柵列を伴う溝から考えて居館であることが想定でき、一五世紀代の所産として把握できるものである。

これらの居館の主は、Ⅰ期遺構群が、中野氏・平重俊といった地域土豪、Ⅱ期遺構群が後北条氏の小代官であった堀江氏ということができる。

【参考文献】

池田光男一九八八「堀内部障壁の一形態について」『中世城郭研究』第二号、中世城郭研究会
伊藤　郭・坂本　彰一九八〇「横浜市神隠丸山遺跡（ル1・2）の調査」『第四回神奈川県遺跡調査・研究発表会発表要旨』神奈川県教育委員会
大石　学一九八七「武州多東郡中野郷と小代官堀江氏」『多摩のあゆみ』四六号、多摩信用金庫
大石　学一九九〇「中世移行期の多東郡中野郷と小代官堀江家」『東京学芸大学近世史研究』第四号、東京学芸大学近世史研究会
小笠原清一九八八「障子堀・堀障子および堀底特殊構造について　上」『おだわら―歴史と文化』小田原市役所企画調整部文化室
小笠原清一九八九「障子堀・堀障子および堀底特殊構造について　下」『おだわら―歴史と文化』小田原市役所企画調整部文化室
経済雑誌社版一八九九『群書類従』第一一輯
関口　修・田村　孝・金井潤子・古屋真美一九七九『矢島遺跡・御布呂遺跡』高崎市教育委員会
高橋源一郎一九二九『武蔵野地理歴史』第二冊
東京都中野区役所一九四三『中野区史』上巻

東京府豊多摩郡役所一九一六『東京府豊多摩郡誌』
中野町教育会一九三三『中野町誌』
橋口定志一九八七「中世居館の再検討」『東京考古』五号、東京考古談話会
比田井克仁・工藤敏久一九九一『中野区城山居館跡発掘調査報告書』中野区教育委員会・中野城山遺跡調査会
比田井克仁・宮下孝優・斎藤由美子二〇〇三『中野区城山居館跡発掘調査報告書』Ⅱ、中野区教育委員会

第Ⅴ章　中世村落の解体—江戸近郊農村江古田村を例にとって—

一　はじめに

ここ四半世紀の間、大都市江戸の考古学による解明は飛躍的な発展を見てきた。江戸ばかりでなく、大坂・長崎・仙台・小田原といった大都市の調査成果も続々と新しい知見を我々に提示している。しかし、これに比較して都市とは離れた農村の実態については、調査例も散発的な状況にならざるを得ず、まとまった形での成果を出しにくい状況がある。このような中で中野区の江古田地域では、近年、いくつかの中世から近世にかけての遺跡調査の機会を得ている。ここで挙げる諸遺跡は、いずれも旧江古田村の範囲内に位置しており、その点で村落単位の考察に最適であり、加えて当地に伝わる村方文書も豊富できわめて有効な検討ができると考えている。

ここでは、これらの遺跡を題材に中世から近世初頭を対象として、中世村落の解体について考えてみたい。なぜなら、江戸から日帰りの距離を持つ近郊農村においては、中世からの脱却が他地域に比較して早いのではないかという予測があるからである。

二　中世～近世初頭の江古田地域の歴史展開

村名の由来

武州多摩郡江古田村は、現在の東京都中野区江古田・丸山地域周辺にあたっている。村名の由来は、エゴの木が群生していた土地を開墾したことからという説と、かつて江古寺という寺院があったことからという二説が古くから土地に伝わっている。このことについては第Ⅱ章で詳論しているので参照されたい。

地勢は、武蔵野台地の中央部に位置しており、村内中央に北側から南、そして東へと神田川の支流である江古田川が流れ、周辺に水田、台地上に畑が展開するといった、典型的な武蔵野の村である。

江古田地域の開発開始年代

この地域の中世史料として最も古い年代を示すものは板碑である。明治三五年（一九〇二）に現在の中野区松が丘一丁目二五番地の妙正寺川に望む台地斜面から十数基の板碑が開墾によりまとまって発見された。教育委員会と現地に残されているのはこのうちの四基で、年代としては応永八年（一四〇一）・同九年（一四〇二）・同一三年（一四〇六）・同三二年（一四二五）でいずれも応永年間のものである。その後散逸したものもおそらくこの時期前後のものと思われる。

板碑は、元来、集落のはずれにエリアを設けてまとめて立てられていたことが各地の遺跡の事例によって明らかにされており、集落と板碑設置領域は一体のものと考えられている。この点から察すると松が丘二丁目一帯にこの頃の集落が存在していたことは確実と考えられる。周辺寺院に保存されている板碑をみても、これより古いものはほとんどないことから、この年代を江古田地域の開発のはじまりと考えてよいだろう。

文献上の江古田の初出

文献史料としては、江古田の地名の初出は、文明一一年（一四七九）に太田道灌が山内上杉家に差し出したいわゆる『道灌状』である。その一四条には文明九年（一四七七）に起こった、後にいう江古田原沼袋合戦の顚末詳細が報告されている。合戦の内容は第Ⅲ章に詳述したのでともあれとして、ここでは「江古田原」と呼称されており、水田の開発と集落の存在を容易に知ることができる。江古田原は明治初年の段階で江古田地域全体を指す大字名でもあり、これと同様な地域を想定してよいであろう。江古田原沼袋合戦は、それまで周辺地域を領有していた豊島氏が滅びて、その主権が太田道灌に移った時代の転換点でもあった。道灌の死後は、曾我祐重・上杉朝良・上杉朝興が江戸城代となり、この地域は扇谷上杉氏の支配下に入った。のち大永四年（一五二四）に至って、上杉朝興が北条氏綱との合戦に敗れて駆逐されると、後北条氏の領有となった。

江古田地域は北条氏直の代、永禄二年（一五九九）の「小田原衆所領役帳」（東京市役所一九三六）によれば「新六郎書立上被申員数辻但此外私領之内ヲ自分ニ寄子衆々ニ配當候書立（中略）五貫文　江戸　江古田恒岡分」という記載が認められ、道灌の後裔にあたる太田新六郎康資の知行地となっている。恒岡は太田氏の庶流である恒岡弾正忠のことで、太田康資の寄子として配当を受けていた。

後北条氏の家臣は最高役高かもしくは役帳書き立ての第一位の地を居館の地とする伊禮正雄氏の説にしたがえば、領主とはいっても恒岡弾正忠は江古田にはいなかったことは確かであろう。

この頃の、後北条氏の支配構造は、領主が小さく細かな地域については在地土豪を小代官に任命して行政的管理を行なう手法をとっており、この地域周辺では中野一丁目の城山居館に本拠を置く堀江氏が小代官であった。堀江氏は中野郷五カ村を対象とした地域の行政管理の代表者として位置づけられ、堀江家文書の中に後北条氏の朱印状二通が残されていることからも証左されている。堀江氏は江戸時代まで続き中野村の名主となる。問題は、江古田が中野郷五カ村の中に入るのか否かであるが、前述の役帳には「江戸　江古田　恒岡分」とあり、記述からは江戸郷に属すると考えてよいだろう。ここでは江古田地域は堀江氏の職掌地域外と判断しておきたい。

天正一八年（一五九〇）に後北条氏が滅亡すると、ただちに豊臣秀吉は関東各地に禁制を発布した。中野周辺地域では堀江氏あてのものが残されている。翌天正一九年（一五九一）、新たな領主となった徳川家康は検地を行なった。この時の検地帳「武州多東郡江古田村御縄打水帳」が残されており、後北条時代末期の村落の様子を知る有力な史料となっている。詳細については落合功氏の研究に譲り（落合一九九五）、ここではそこから得られた、従来になかった変化について触れておきたい。江古田村ではこの検地によって、新たに對馬という人物が名主に任命されている。村内に對馬山という字名があり天正の検地帳には記載がないが、寛文四年（一六六四）の検地帳に初出する。おそらくこの人物にちなんだ地名ということができるだろう。

その後、江古田村では一七世紀の前半には村内が二分され、二名の名主、つまり相名主制となっている。これは神崎彰利氏による慶安五年（一六五二）「江古田村名寄水帳」、寛文四年（一六六四）「武州多摩郡江古田村辰改検地水帳」「武州多摩郡江古田村辰改名寄帳」の研究で、幕臣知行地に加えて新田開発による天領の設置によるものとされ、慶安五年史料にはすでに「新開分」という記述があることから、これ以前に相名主制になっていたことが明らかにされている（神崎一九六七）。このようなことから、中世村落の残影は、村内が二分された相名主

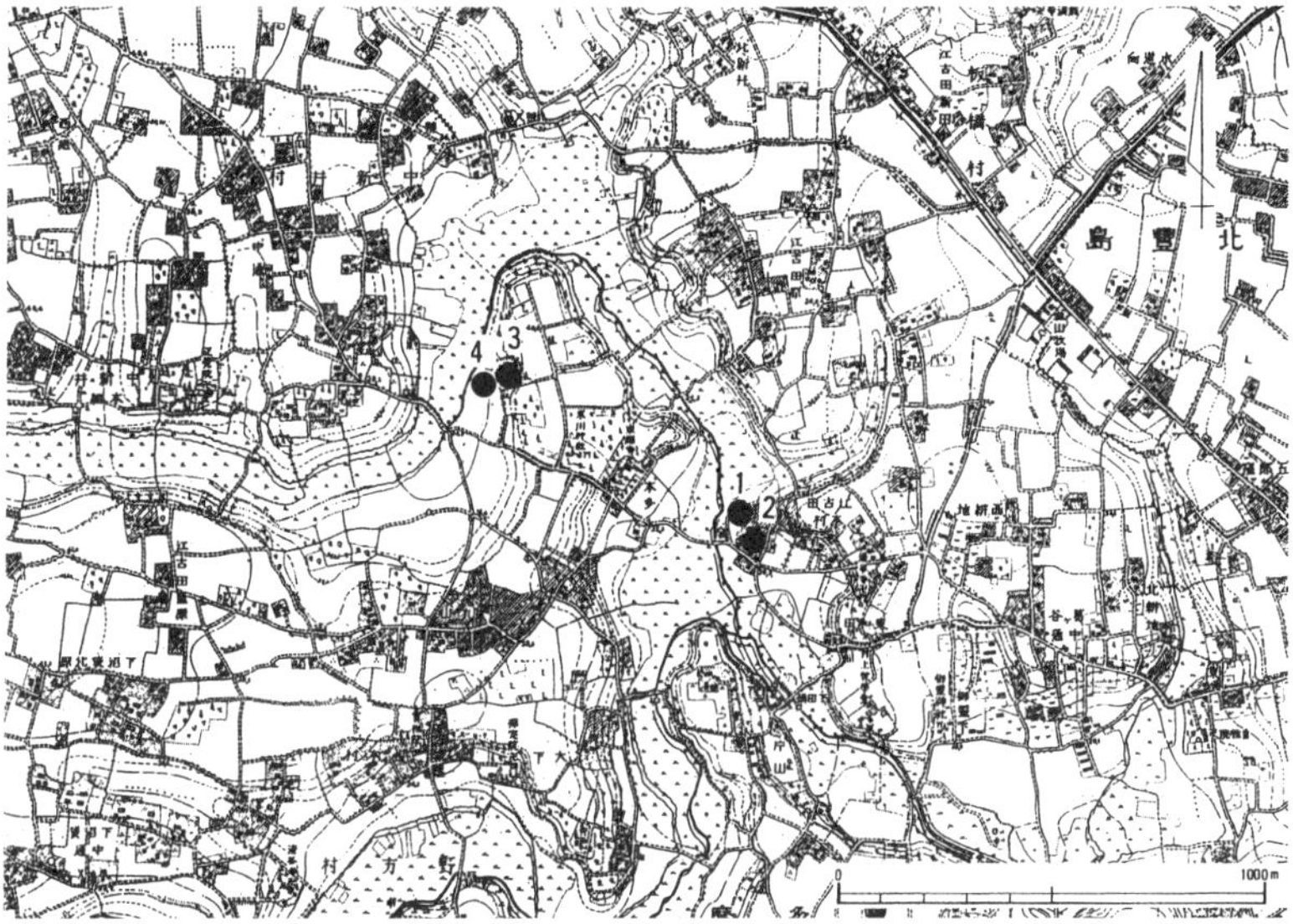

図25　中野区江古田地域の中世末～近世初頭の遺跡　1　御嶽遺跡２次調査地区、２　御嶽遺跡１次調査地区、３　江古田遺跡Ｃ地区、４　寺山西遺跡

制のはじまりをもって消滅したと考えられるのである。

三　確認された遺跡とその性格と年代

旧江古田村周辺で中世末から近世初頭の遺物が出土している地点は、松が丘遺跡・松が丘一丁目二五番地・中野区No.三七遺跡・御嶽遺跡・江古田遺跡Ｃ地区・寺山西遺跡・練馬区南於林遺跡が挙げられる。これらの中で遺構を伴うのは御嶽遺跡（比田井一九九五・九八）・江古田遺跡Ｃ地区（石井・比田井・渡辺一九九九）・寺山西遺跡（比田井一九九八）である（図25）。

御嶽遺跡について（図26）

一次調査地区

東側に緩傾斜の台地を控え、西側に江古田川が流れる微高地に立地している。近世の村絵図によれば水田と畑地の境界で畑地側に位置している（図27）。

遺構は、掘立建物跡九棟以上・井戸跡一一基・土坑二四基・溝一一条が検出されている。主な遺物として

図26　御嶽遺跡の立地と1次、2次調査区の位置関係

図27　御嶽遺跡1次調査地区平面図

は図28〜図30の舶載青磁（1〜10）・明染付（11〜15）・天目（22）・白天目（23）・縁釉皿（16・17）・志野織部（24〜29）・志戸呂（20・21）・唐津（30〜32）・鉄釉四耳壺（35）・伊勢型羽釜（36〜38）・擂鉢（40）・常滑・カワラケ（41〜48）・初期伊万里（33・34）・茶臼（49・50）・土製茶釜（39）・銭・常滑片転用荒砥・砥石・板碑片・曲物・柱材・鞴の羽口・スラグなどが出土している。特筆されることとしては、土坑から馬に副葬された擬漢鏡の松樹双雀鏡（51）とカワラケの中に小田原地方からの搬入品があったことが挙げられる。特に後者は後北条時代における当地と小田原との交流関係を示すものである。

　遺構は出土遺物から見た存続幅からⅠ〜Ⅲ期の変遷が考えられ、Ⅰ期（瀬戸・美濃産の縁釉皿・印花文丸皿・常滑甕の出土を指標とする一五世紀末から一六世紀第Ⅲ四半期）とⅡ期（瀬戸・美濃産の鉄釉皿と志野織部皿・菊花皿・唐津碗の出土を指標とする一六世紀第Ⅳ四半期から一六三〇年代）までは、掘立建物跡・井戸跡・溝が機能し、Ⅲ期（肥前産

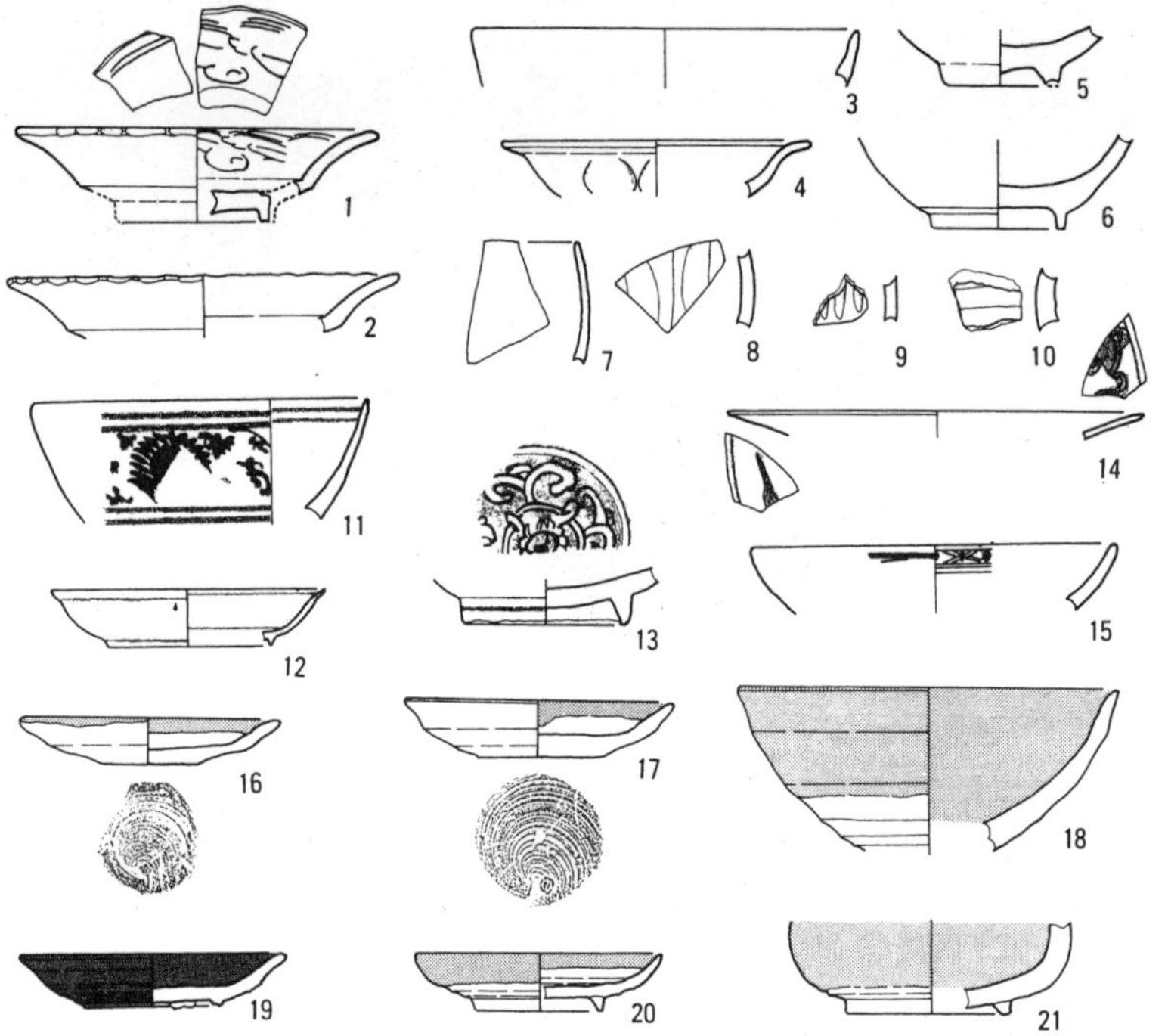

図28　御嶽遺跡１次調査区の主な出土遺物（1）

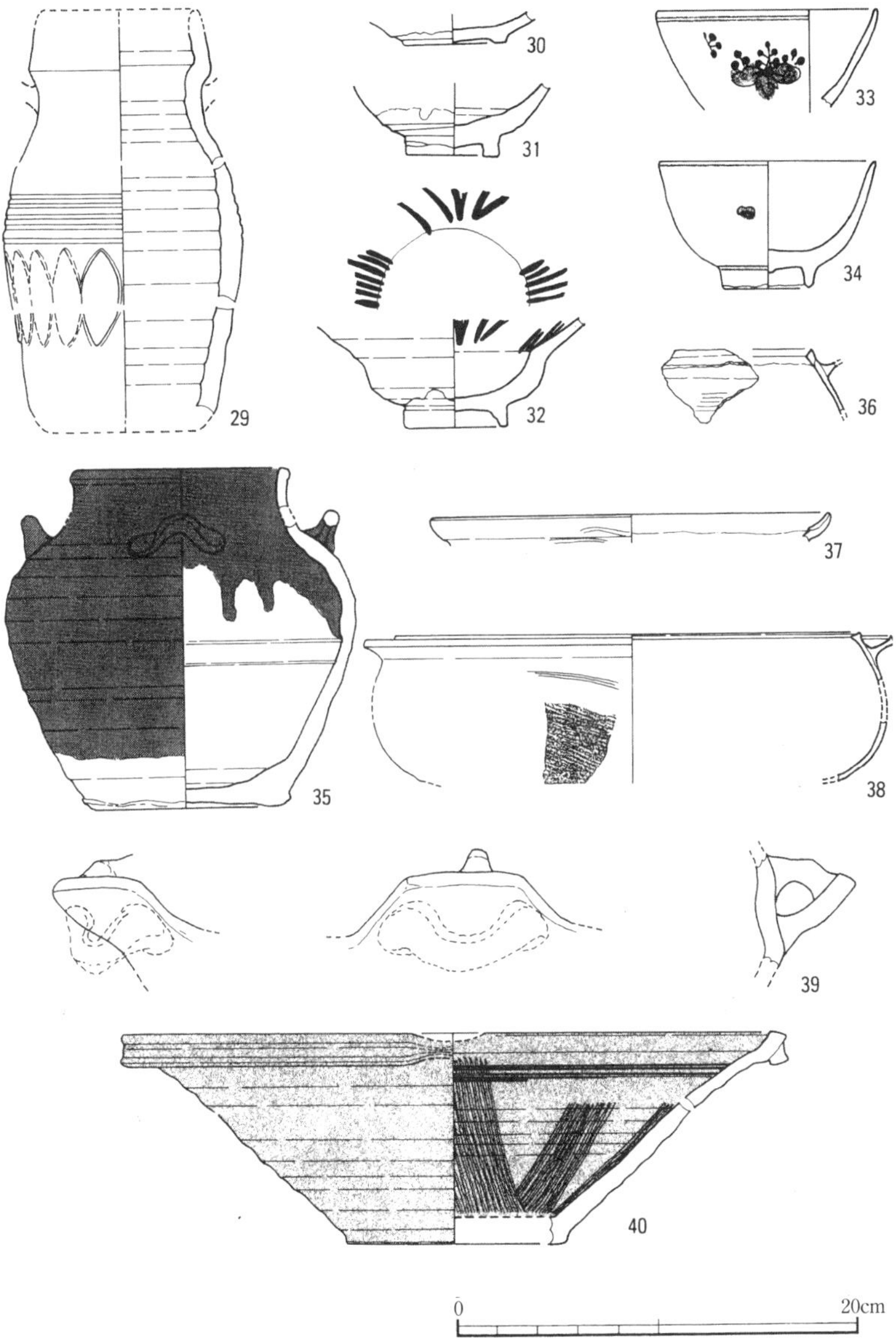

図29　御嶽遺跡１次調査区の主な出土遺物（2）

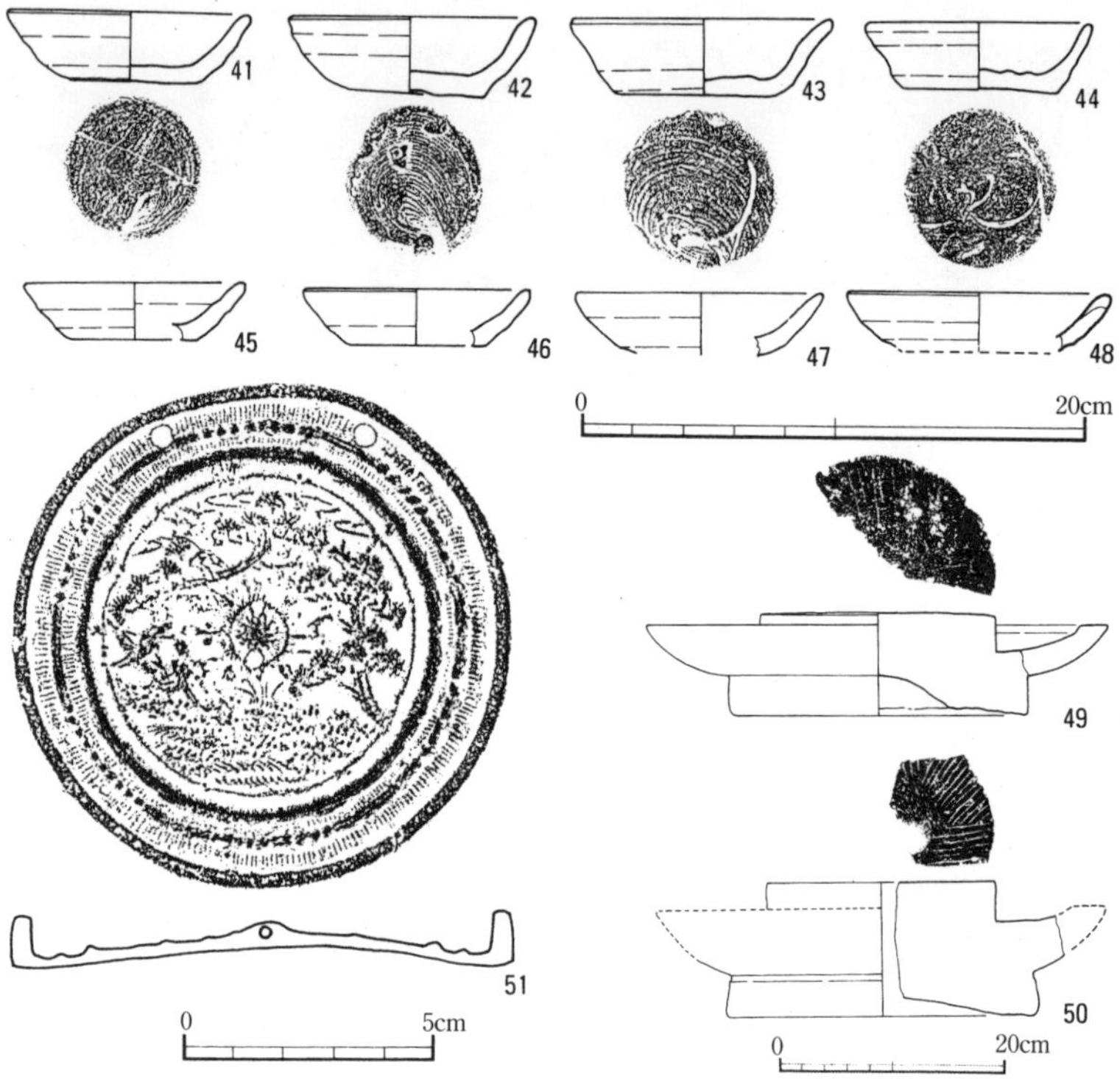

図30　御嶽遺跡1次調査区の主な出土遺物（3）

陶磁器の出土を指標とする一六三〇年代以降から一八世紀末）には溝を残すのみとなり、居住域の痕跡はなくなり畑地に変貌していくのである。この遺跡の性格は、出土遺物から見て、舶載陶磁器を所有し天目・白天目や茶臼が少なからず存在していることからも茶道のたしなみを知っている階層の存在を想定することができる。通常これらの遺物の出土は居館跡や寺院などに限られていることから考えて、空堀や土塁を持たない普通の村落である本遺跡は異色ともいえるだろう。一方、遺構としての検出は見ないが、鞴の羽口・スラグ・転用荒砥・砥石がかなり出土しており、その存在は鍛冶を行なっていたことを示している点で、鉄製品の自給も認めることができる。

茶道のたしなみを知り、鉄製品、おそらく農工具の自給を達成していた人々が存在し居館を形成していない村落がその実像なのである。

この村落の性格は遺物の示す事実から考えて文化教養レベルの高い上層農民の居住域と考えることが妥当であろう。いずれにしても当時の江古田村村落の中心地の一部がこの遺跡にかかっていることは確実なのである。

二次調査地区

一次調査地区の北西約六〇ｍに位置している（カラー口絵、図26・31）。

遺構は、掘立建物跡一四棟以上、井戸跡一一基・土坑五二基・溝三〇条が検出されている。

遺物は図32〜図35に示すとおり、舶載青磁（1〜6）・明染付（7）・天目（10・11）・縁釉皿（8・9）・鉄釉皿（12・13）・灰釉皿（16〜22）・志野織部（23〜31）・唐津（33〜35）・肥前（32）・伊勢型釜（36）・土釜（37〜39）・擂鉢（40〜42）・カワラケ（47〜72）・駿河初山窯製品（14・15）・瓦（74）・仏花瓶（46）・瓦質香炉（45）・刀剣の部品（73）・鞴の羽口・スラグ・転用荒砥・砥石などが出土している。特筆されることは溝内からカワラケが大量に出土していることと、その一つに「宗崋」と墨書されたもの（47）がある点である。おそらく人名であろう。一次調査同様に茶道にかかわる遺物も多いことから、号を唱えた人物が存在してもよいであろう。カワラケは底部径が比較的大きい南武蔵タイプ（47〜53）と底部が小さい下総タイプ（54〜59）の二系統がおおよそ三対二の割合で出土している。

遺構の変遷は一次調査と同様にⅠ期からⅢ期に分けることができる。Ⅰ期（一五世紀末から一六世紀第Ⅲ四半期）

図31　御嶽遺跡２次調査地区平面図

は、溝・土坑・井戸などが検出され、建物跡は明確ではないが遺跡の形成期である。Ⅱ期（一六世紀第Ⅳ四半期から一六三〇年代）に至ると溝を中心とした大規模遺構が展開した時期である。これらの遺構は平行あるいは直角、直線状に配置されるといったきわめて計画的な設計に基づいて構築されている。出土遺物の大半もこの時期に帰属しており、中心となるものである。

　これらの溝の中で最も大規模な一二号溝は、幅二・六～三・六m・深さ約一mで溝幅約半分が浅く掘られ犬走り状になり、残り半分が深く掘られるという特異な形状をしている。調査範囲の中では主軸を北から西側に約四五度方向でほぼ直角に曲がり調査区外に至っている。またこの溝の約一〇m東側に平行して一〇号溝が伸びている。

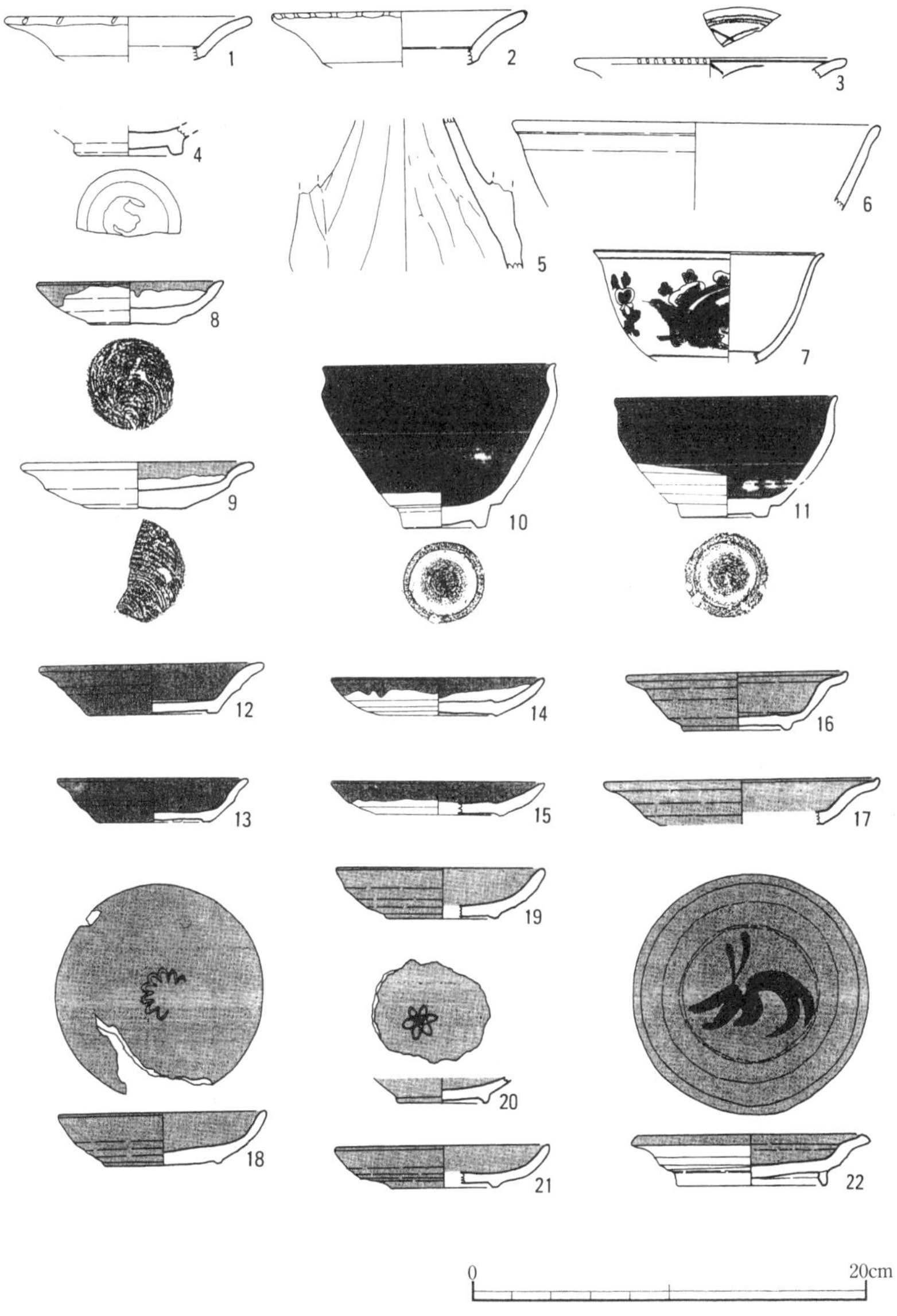

図32　御嶽遺跡２次調査区の主な出土遺物（1）

図33　御嶽遺跡２次調査区の主な出土遺物（2）

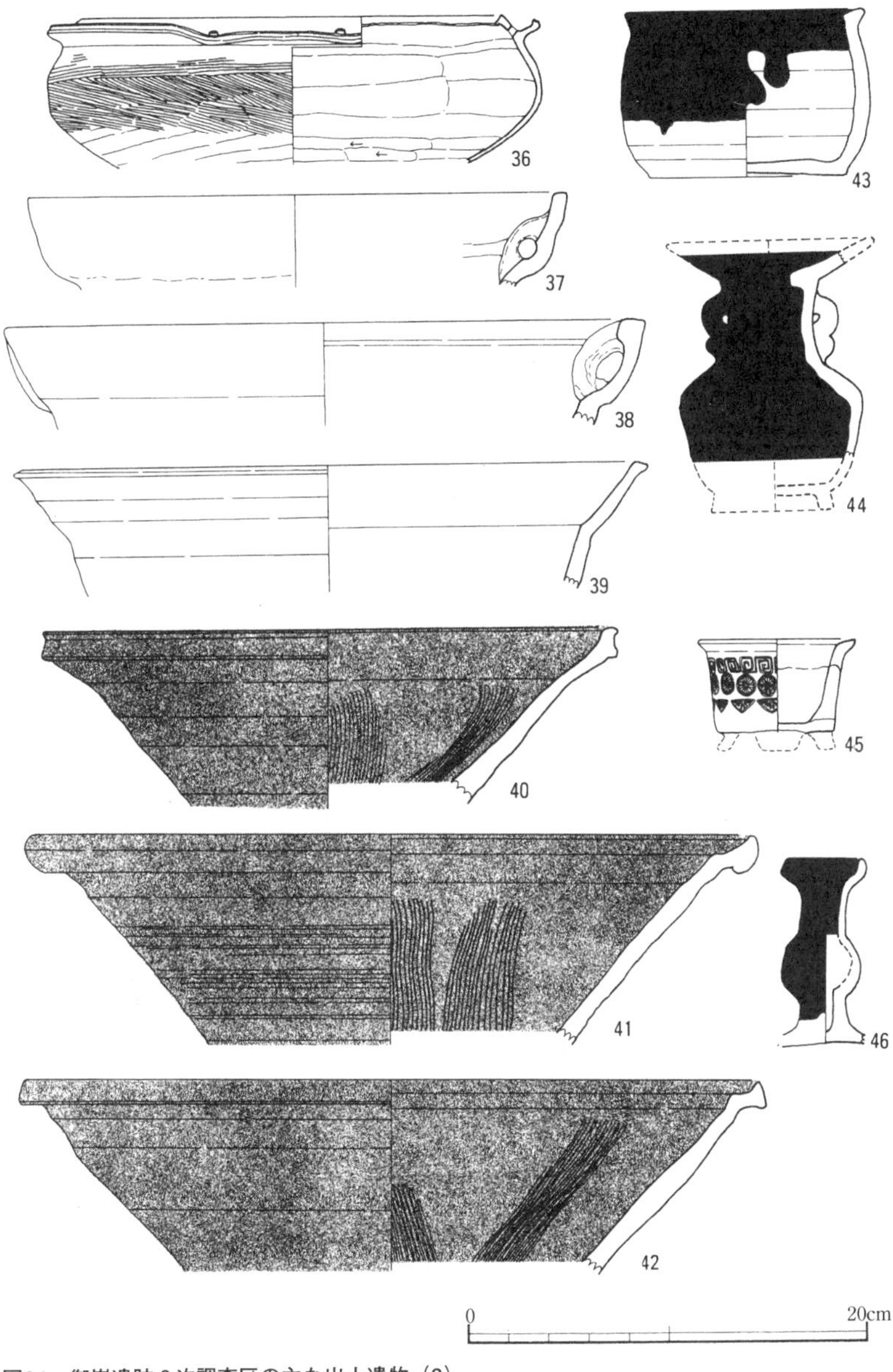

図34　御嶽遺跡２次調査区の主な出土遺物（3）

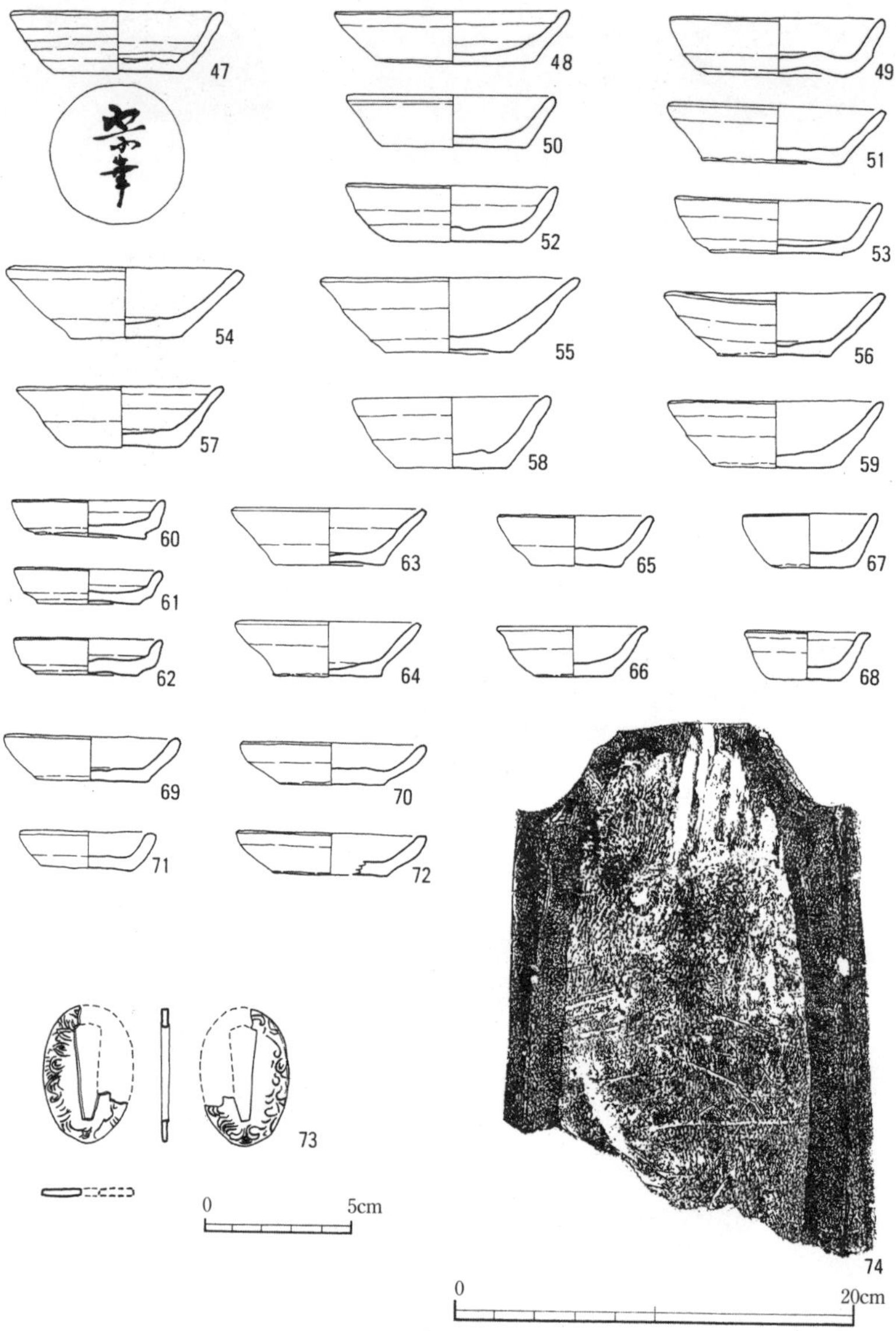

図35　御嶽遺跡２次調査区の主な出土遺物（4）

一〇号溝からは上層から寛永一三年（一六三六）以前に比定される新宿区市ヶ谷御門遺跡一号土坑のカワラケと同巧のカワラケ（69・72）が出土しており（富樫・川田・越村・鈴木一九九六）、この年代には埋没が進んでいたことが明確である。また、溝底からは一六一〇〜一六二五年に製作幅をもつ志野織部皿が出土していることから寛永期前後から埋没がはじまったことが明らかである。その他に大量のカワラケのほかに瓦・仏花瓶・瓦質香炉・「宗華」墨書土器が出土しその性格が問題となる。瓦の出土例は多くはないが、粘土板の切り離し技法が一五九〇年代を上限とするコビキB技法によるものである点からも陶磁器の年代と隔たりはない。問題はこの瓦が何の建物に用いられていたのかということである。この年代から元禄時代までの江戸の様子をうかがえる「江戸図屏風」で見る限り、瓦を葺く建物は大名屋敷か寺院程度である。近郊農村の江古田村でその可能性を考えるとすれば寺院以外にはないだろう。溝から出土した仏花瓶・瓦質香炉は仏具であることからも、その施設とは寺院と考えられるのである。そうすると、これらの大規模な溝は寺域を画する可能性が高く、出土した瓦はそこの建物に伴うものとして考えられるのである。

大規模遺構はⅢ期（一六三〇年代以降から一八世紀末）には姿を消し、その後掘立建物跡・井戸跡・小規模な溝が構築されて一八世紀末まで存続している。特に掘立建物跡は一一号溝が完全に埋没した後に構築されており、厳密には一七世紀としても末期以降のものとすることが妥当であろう。

これらのことから戦国期から一七世紀前葉まで存続した大規模遺構（寺院）が廃絶され、一七世紀末頃から再び村落の一部となり、一九世紀には村絵図が示すように畑地となったという変遷を辿ることができる。

江古田遺跡C地区について（図36）

御嶽遺跡から西側へ約七五〇mの距離にあり、東側に台地（寺山台地）の崖線を控え、この台地上には第Ⅱ章で詳論した「江古寺」跡がある。西側に江古田川が控える低地に位置している。検出された遺構は溝二条・土坑六基である。出土遺物は、いずれも細片であるが、舶載青磁・瀬戸美濃産陶器・志野織部・伊勢型羽釜・擂鉢・常滑・カワラケなどである。これらの遺物から判断される遺構の年代は、溝一基と土坑一基が一六世紀中頃、残る溝一基と土坑一基が、一六一〇年前後に廃絶され、溝は一七世紀第Ⅱ四半期には埋没していたと考えられる。後者は御嶽遺跡Ⅱ期の後半に併行するものである。

古くからこの地は小字「小川屋敷」と呼ばれ『新編武蔵風土記稿』（雄山閣一九八一）にも記載のあるところである。伝承としては和田義盛の子孫がこの地で帰農して代々小太郎を名乗り、天正年間に至って小川姓を称したとされている。これについては、当村に伝わる天正一九年の検地帳に小太郎の名前が出てくることから（表参照）も比較的信憑性の高い伝承といえるだろう。御嶽遺跡Ⅱ期後半と同時期の一号溝は幅一・六～三・〇mを測り、ほぼ直角に曲るコーナー部分にあたっている。検出範囲は狭いが居館の溝と判断してよいものである。

寺山西遺跡について（図36）

江古田遺跡C地区の西側に隣接して調査された遺跡である。遺構は側溝を伴う道路状遺構・畠の畝・土坑が検出されている。時期は、土坑が出土した伊勢型羽釜からおおよそ一六世紀中頃、道路状遺構は側溝出土の陶磁器と、覆土内の宝永スコリアから一七世紀末に廃絶されたものとすることができる。この遺構は東側に隣接する江古田遺跡C地区居館跡と関連するものであり、居館から西側に向かう道路そのものとすることができる。

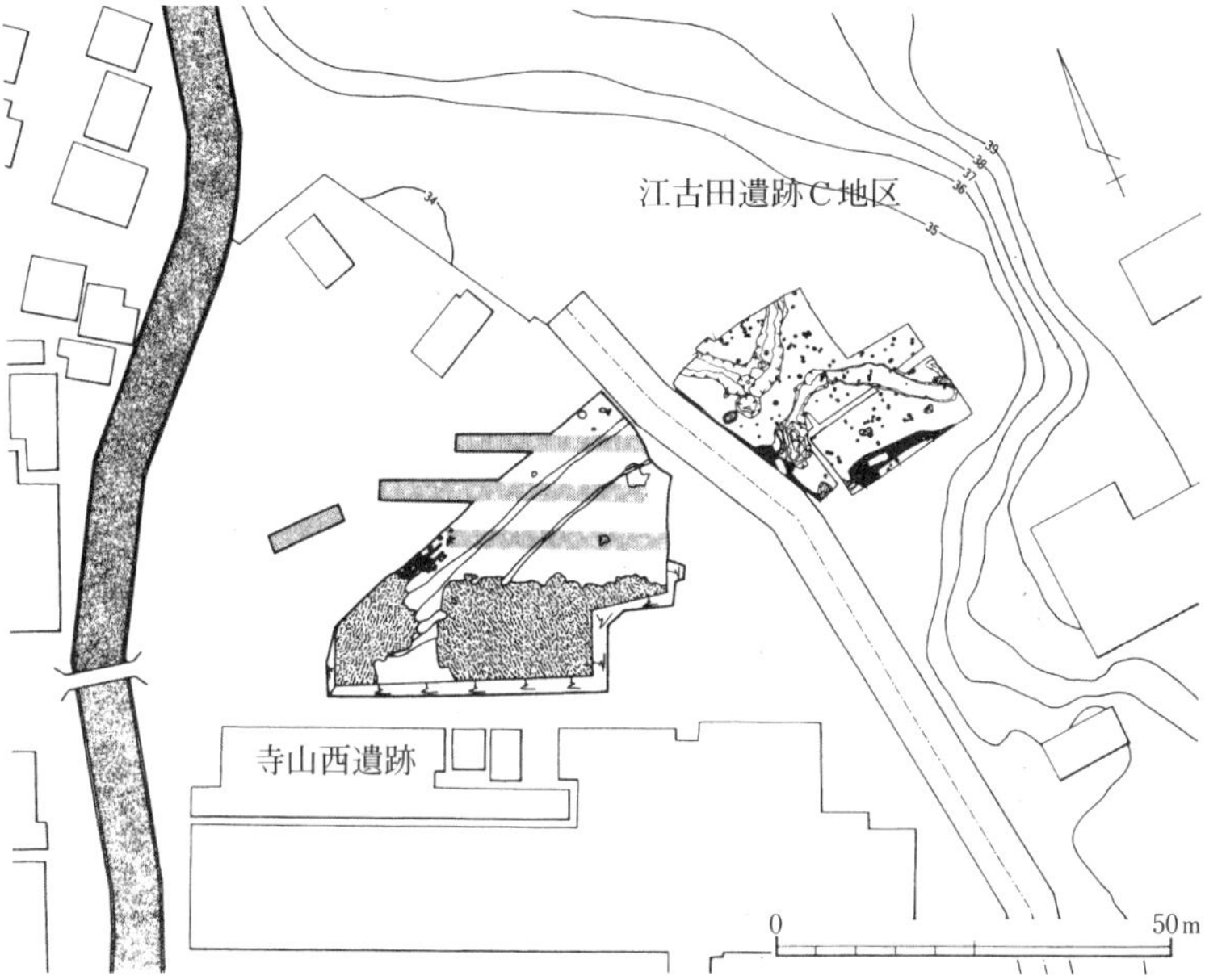

図36　江古田遺跡C地区と寺山西遺跡

四　中世村落の解体

前項まで、旧江古田村内の各遺跡の概要について見てきた。これらの遺跡は、実年代としては江戸時代に入っていても、出土陶磁器やカワラケの様相、共通して寛永通寳が欠落している点などから、その遺物相は中世の伝統性をそのまま継承していることがうかがわれる。それではこのような中世的な残影はいつ消失するのであろうか。ここでは、各遺跡から得た考古学知見を、地方に残された古文書史料から実在の歴史事象の中に位置づけ、さらに、中世村落の解体について考えてみたい。

御嶽遺跡の実像

まず、御嶽遺跡二次調査地区のⅡ期（一六世紀第Ⅳ四半期から一六三〇年代）大規模遺構が寺院の可能性があることを指摘した。この当時の実在の寺院について、前述した天正の検地帳からは東福寺一寺だけが確認できる。残念ながら、寺の所有田畑については明確にされているが、寺本体の所在地についてはこの史料からは欠落している。東福寺は現在は江古田三丁目九番に実在しているが、『新編武蔵風土記稿』には「此寺元は村内御嶽山の辺にありしを、年月詳ならず此処へ移したりと云」と記載されており、移転したことがわかる。

また、寺の縁起には天正年間に村内の御嶽下の辺にあったものが火災に遭い、現在地に移ってきたという伝えがある（高野進芳一九六八a）。これに関連して元禄一四年（一七〇一）に当時の住僧が記した「差上げ申一札之事」（山崎家文書史料四四）（多摩文化史研究会一九九五）には「寛永年中林光と申住僧只今之寺地取立」という記載も存在するため、この寺が寛永年間に現在地に移転したことは事実であろう。僧林光については天正の検地帳にたびたび林光坊の名が見られ、林光と同一人物と推定される。

それでは、東福寺が元々あった、『風土記稿』に記された村内御嶽山の辺、あるいは寺に伝わる御嶽下とは現在のどこにあたるのであろうか。天正の検地帳には記載はないが、寛文四年の検地帳に「御嶽後」、文久二年の村絵図には「御嶽社」があり、現在の江古田一丁目二四・二五・三〇〜三四番地に相当している。ここは、御嶽遺跡一次調査地区（江古田一丁目三四）と二次調査地区（江古田一丁目二五・三二）を含む地域である。

以上のことから、御嶽遺跡二次調査区は、天正年間に創建された東福寺の跡と考えられることを指摘したいのである。

つぎに御嶽遺跡一次調査地区が戦国時代の江古田村の中心地であったとする点について考えてみたい。家康の入府後、江古田村では對馬という人物が名主に任命されたことは前述したが、村内には寛文四年・文久二年の史料によって「對馬山」と呼ばれる字名が存在しており、それが現在の江古田一丁目北半部一帯を指すものである。また、堀江家文書の中の村絵図には、御嶽・對馬山のところを含めて「本村」と記載されている。山﨑家文書の明治三年（一八七〇）「田畑反別名寄帳」には「本村屋敷附」、昭和四年の野方町地図ではこの地が東本村と呼ばれていた。いずれにしても、御嶽・對馬山のほぼ同一地が別に「本村」とも呼ばれていたことは確かである。一般的に本村とは本郷と同様に開発期の中心地を示すものと理解できるため、名主を任命された對馬にちなんだ、對馬山と、その頃江古田村の中心であった本村は同一の範囲を示しているものとしてよいだろう。

御嶽遺跡はこれらの範囲にまるごと入り込んでいるため、やはり村落の中心を示す遺跡と考えてよいものである。

これらのことによって、戦国時代末期の江古田村は、寺院を中心とした村落が形成され、それが村の中心地であったことが明らかにされた。さらに、東側あるいは北側の背後に緩斜面の台地を控え、西側と南側に水田面が広がる微高地に寺院と名主宅と居住地がセットになっていたという景観を想定することができるだろう。

中世から近世への転換

前項まで、戦国期から継続してきた御嶽遺跡の実像について検討してきた。これらの遺跡は、考古学的にはⅡ期（一六世紀第Ⅳ四半期から一六三〇年代）の段階でその主たる部分は廃絶されることを述べた。この現象がおそらく中世から近世への脱皮を示すと考えられるのであるが、ここまでの検討は、あくまでも遺跡の廃絶年代を示すものであり、歴史的展開としてそれが説明されなければならないだろう。

まず一つは郡名の問題である。天正一九年検地帳の正式名称「武州多東郡江古田村御縄打水帳」では、多東郡と記載されている。これは多摩郡を東西に分けた名称で、大石学氏によれば（大石一九九〇a）、その初出は元徳二年（一三三〇）で、最新の例は元禄一四年（一七〇一）であるという。さらに戦国時代末期以降の類例を見ると「小田原衆所領役帳」や天正一八年に豊臣秀吉が中野郷・布田郷に出した禁制、家康の天正一八年から寛永一六年にかけての検地帳、天正一九年に寺社にあてた発給文書に多東郡として記載されている。この他、年代的に新しいものは、寛文三年（一六六三）の中野区上高田東光寺の庚申塔、最新例として元禄一四年（一七〇一）の中野区新井薬師梅照院の庚申塔など、地域の民衆が作成した金石文に認められる。これらから見ると、公文書に見る郡名の公式呼称と民衆の使用下限には隔たりがあるようである。

公文書の場合は、江古田村では、寛文四年（一六六四）「武州多摩郡江古田村辰改検地水帳」「武州多摩郡江古田村辰改名寄帳」で多摩郡に変わっている。付近の類例では、中野区雑色村の小谷津家文書、寛永一六年（一六三九）の「武蔵国多東郡雑色村御検地水帳」が多東郡、同文書の延宝二年（一六七四）の「武州多摩郡雑色村寅御縄打帳」では多摩郡となっている（伊藤・根岸・関一九八三）。そうすると、寛永一六年（一六三九）から寛文四年（一六六四）の間に、多東郡から多摩郡への郡名の変更があったことになろう。中世以来の行政区分から近世の行政区分の転換をこの時期に見ることとしたい。

つぎに、検地帳に記載されている江古田村村民の人名の問題である。天正一九年段階では、五七名の土地所有者のうち、對馬をはじめとして図書・兵庫・外記・将賢・弥嶋・但馬などといった名の中世的な帰農武士階級を想起させる人々が村落構成員の中に存在していたが、慶安五年にはかげゆ・将賢の二名となり、寛文四年には勘解由一名になり、八年には姿を消している（表1・2参照）。このことは兵農分離が促進され、天領としての近世

表1　天正19年（1591）検地帳に見る江古田村構成員（土地所有者）の名前

図　書	彦左衛門	新三郎	又二郎
門左衛門	惣左衛門	新右衛門	平二郎
藤左衛門	七郎左衛門	**但　馬**	藤三郎
新左衛門	縫之助	小太郎	東福寺
林光坊	**外　記**	彦三郎	**谷　嶋**
新　助	七郎右衛門	三右衛門	惣二郎
源左衛門	孫三郎	彦　六	総七郎
二郎左衛門	善二郎	惣右衛門	十四郎
対　馬	五郎左衛門	新兵衛	**主　斗**
二郎右衛門	**将　賢**	新五郎	次郎右衛門
兵　庫	藤左衛門	三左衛門	喜兵衛
甚四郎	太郎左衛門	門　人	加右衛門
十左衛門	神四郎	四郎五郎	
源十郎	**弥　嶋**	三郎次郎	
源右衛門	弥七郎	権左衛門	

※ 表中で太字は帰農武士層と思われる。

表2　慶安5年（1652）水帳に見る江古田村構成員（土地所有者）の名前

孫右衛門	**将　賢**	甚右衛門	惣次郎
六右衛門	東福寺	小右衛門	庄左衛門
かげゆ	藤右衛門	九左衛門	弥左衛門
三郎左衛門	二郎右衛門	久兵衛	孫左衛門
二郎左衛門	惣左衛門	三右衛門	次郎左衛門
久左衛門	惣右衛門	次右衛門	仁左衛門
庄左衛門	市兵衛	新兵衛	甚兵衛
権左衛門	市右衛門	与右衛門	孫右衛門
清三郎	惣兵衛	小左衛門	藤左衛門
市左衛門	与兵衛	清左衛門	
善左衛門	源右衛門	喜右衛門	
佐右衛門	善右衛門	新左衛門	

※ 表中で太字は帰農武士層と思われる。

江戸近郊農村の確立を示すものである。

さらに、名主の問題について見てみよう。天正一九年に對馬なる人物が名主給を受けたことは前述したが、その後、慶安五年には、現在の深野家・堀野家の祖先にあたる二人の人物に変わっている。つまり前述した相名主制へと変わったのである。そして慶安五年の検地帳には天正検地帳にはない記述として「新開分」つまり新田開発が進行していたことが明らかにされている。名主の居住地にも変更があり、天正一九年の對馬については寛文四年には字名となった對馬山周辺（御嶽遺跡とその一帯）が想定されるが、慶安五年段階の二人の名主は現在の両家の屋敷地である江古田一丁目の東部、江原町一丁目の北部に位置しており、この段階では對馬山周辺とは無関係になっていたと考えられる。このように、江古田村の中心が對馬山（本村）を放棄して二つに分かれるのは、新田開発の便宜からと考えられる。何故ならこの「新開分」は字名から見て、天正期の水田所在地よりも北部あるいは別な地域であり両家の屋敷地の周辺が想定されるからである。

以上の各々の点は、いずれも中世村落が、江戸幕府を新領主とする新たな村落機構のもとに再編成されたことを示していると考えられる。その年代は多東郡から多摩郡へという郡名変化による後北条から徳川へ、中世から近世への脱皮は一六三九年から一六六四年の間に、中世的な帰農武士階級の消滅は一五九一年から一六六八年までには完了し、一名の名主から二名の名主に変わり村落の中心が二カ所に分かれるのが一五九一年から一六五二年の間に、それぞれの時間幅のある時点で起こったことが確実である。

さらに、これらの幅に時期限定を図るならば、遺跡の実年代の考察から得たⅡ期（一六世紀第Ⅳ四半期から一六三〇年代）の範疇におさめることが妥当と考えられるため、その転換点はⅡ期の終末すなわち寛永年間の中に求めることができるだろう。

五　ま　と　め

本章では江戸近郊農村江古田村を対象にして、中世から近世初頭にかけての遺跡の性格、存続時期を検討し、さらに文献や伝承から見たこの地域の動向と重ね合わすことによって、中世村落の解体とその時期について検討してみた。

遺跡の考察からは、御嶽遺跡が天正期の江古田村の中心地であり、船載陶磁器や天目・志野織部・茶臼・カワラケなどの遺物相や字名・小字名の伝承との一致から天正一九年の名主對馬と東福寺に関連することが考えられた。

文献の検討からは、多東郡から多摩郡への郡名の変化、中世的な帰農武士階級の消滅、相名主制の転換、そしてそれが新田開発を開始した村落の再編成を示しているといった要素が、中世から近世への脱皮の具体相を示していると判断された。そしてその変化は一五九一年から一六六八年の間のどこかで起こっていることを明らかにした。

このことによって、遺跡からみた動向と、文献からみた中世から近世への諸条件を対応させることが可能と判断し、結果として、これらの遺跡の終焉をもってこの地域における中世から近世への脱皮と解し、その時期を寛永年間に充てるという結論に至ったのである。

【参考文献】

石井則孝・比田井克仁・渡辺丈彦一九九九『江古田遺跡』Ⅰ、旧国立療養所中野病院跡地遺跡調査会
伊藤好一・根岸茂夫・関　利雄一九八三『小谷津家文書』第一巻、中野区教育委員会
大石　学一九九〇ａ「中近世移行期の多東郡中野郷と小代官堀江家」『近世史研究』第四号、東京学芸大学近世史研究会
大石　学一九九〇ｂ「中野村宝仙寺の由緒と歴史的変遷」『近世史研究』第四号、東京学芸大学近世史研究会
落合　功一九九五「『江古田村天正検地帳』から見た江古田村」『御嶽遺跡一次発掘調査報告書』中野区教育委員会
神崎彰利一九六七『天正一九年江古田村検地帳』中野区史料館資料叢書第三号、東京都中野区教育委員会
高野進芳一九六八ａ『金峯山世尊院東福寺史』金峯山世尊院東福寺
高野進芳一九六八ｂ『武蔵国多摩郡江古田村名主文書』堀野家
多摩文化史研究会一九九五『山崎家文書』四、中野区教育委員会
東京市役所一九三六『東京市史外篇　集註小田原衆所領役帳』
富樫雅彦・川田秀治・越村　篤・鈴木さとみ一九九六『江戸城外堀跡市ヶ谷御門外橋詰・お堀端』地下鉄七号線溜池・駒込間遺跡調査会
比田井克仁一九九五『御嶽遺跡一次発掘調査報告書』中野区教育委員会
比田井克仁一九九八『御嶽遺跡二次発掘調査報告書』中野区教育委員会
比田井克仁一九九八『寺山西遺跡発掘調査報告書』中野区教育委員会
堀野良之助一九七三『江古田のつれづれ』堀野家
雄山閣一九八一『新編武蔵風土記稿』第六巻

第Ⅵ章　伝説と史実のはざま―中野長者伝説の研究―

一　はじめに

大都市東京は、いうまでもなく江戸幕府の所在地になってから今日までたぐい稀な発展を遂げてきた。しかし、家康入府以前の東京の様子は、意外にもあまり知られることがない。それは史料の量的な問題、密度の差などに加えて、早くから広範囲の都市化が進展してきたことによる遺跡・史蹟の実在性の検証が不可能になっている点も起因している。そういった中でも郷土史の観点から先学の蓄積により、ある程度の実態を垣間見ることができる。しかし、明治以降の郷土史の研究母胎は江戸時代の地誌や地域の伝承に頼るところが大きく、それをそのまま史実かのような理解を示したものも少なくない。こういった場合の資料は多くがいわゆる伝説にかかわるものを対象にしており、それを最終的に歴史的に説明しようと志向したところに検証手続きが不十分にならざるを得ないのである。それはその当時、関連し補完しあう史実や資料その他に対する研究や、史料・資料の発掘が充分でなかったことが大きな要因となっていた。問題としたいのはその人口が増加している現代の郷土研究者にこれら先学の成果を無批判的に承認した上で、あるいは都合のよい部分のみを取り出して、さらに話を乗せていくという傾向がなきにしもあらずといった点である。かくいう筆者も自分を棚にあげてこのようなことを述べる立場ではない。充分な自戒をこめて、その点について留意して取り組みたいと思う。

ところで、ここで検討したいのは一つの伝説であるが、述べてきたように無批判的に史実の反映として理解するのではなく、成立の時期やモチーフの内容を吟味した上で、関連する研究成果との比較などを経た上で、改めて、史実の反映する部分を見出していきたいと思う。

ところで、伝説とはそもそも何なのであろうか。柳田國男は「傳説には兎も角も定まった形が無い。（中略）傳説の昔話と同じでない要點としては、第一にそれが我々の謂ふ言語藝術で無く、實質の記憶であった（後略）」（柳田一九六三）、そしてさらに「傳説はある一つの土地に根を生やしてゐて、さうして常に成長して行くのであります。」（柳田一九六四）と述べている。

本章では、柳田のいう伝説の本質である、「実質の記憶」・「常に成長」という点に注目して、これを前提に、武蔵野台地中央部の中野・新宿を舞台として展開する「中野長者伝説」について、その成立過程と実質の記憶、すなわちどのような史実が反映しているのかについて検討してみたいのである。

二　中野長者伝説のなりたち

初期段階の中野長者伝説（図37）

現在確認できる中野長者伝説が記載されている最も古い文献は、明暦元年（一六五五）の『成願寺勧進帳』（成願寺誌編纂委員会一九八八）である。漢文で書かれた原文は成願寺の沿革を述べた非常に長いものであるが、その

図37　中野長者の墓（東京都旧跡）**昭和初年**（左）**と現在の状況**（右）
※昭和初期の写真では江戸時代初期の型式の宝篋印塔であるが、現在は中世の型式を模した昭和40年代後半に造られたものに変わっている。

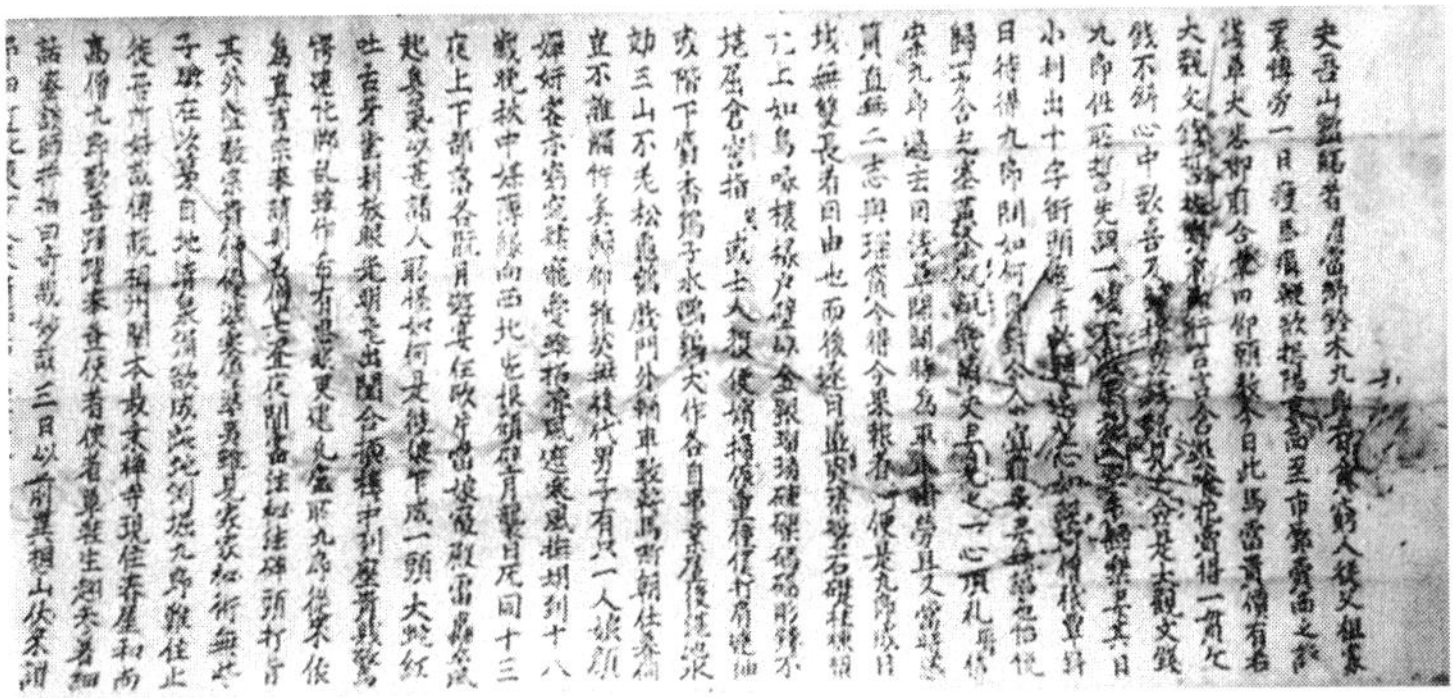

図38　成願寺勧進帳（成願寺蔵）（中野区立歴史民俗資料館常設図録より）

中で伝説に関わる部分は冒頭に見ることができ、その内容をかいつまんで紹介するとつぎのようになる。なお、引用文中の漢字は新字体で記載している。

当郷鈴木九郎は父祖以来家業の博労を商う貧しい者であったが、痩せ馬を連れて葛西の市に向かう途中、浅草に詣で、今日この馬が売れて大観文銭であったらすべて喜捨すると誓った。はからずも、馬は一貫文で売れ、喜び勇んで帰る途中、確かめてみるとすべて大観文銭であった。九郎は誓いのとおりこれをすべて浅草観音に奉納した。妻はわずかな稼ぎを楽しみに道に出て九郎の帰りを手をかざして待っていた。九郎はありのままを話すと妻はかえって喜んだ。二人が貧しいあばら家に帰ると、そこにはいくつもの黄金の入った瓶が現われていた。夫妻はこれを見て一心に浅草観音のご利益に感謝した。これが九郎が無双の長者になった所以である。その後、りっぱな屋敷を造り、塀で囲まれたその屋敷の中や外は金銀財宝で満ち溢れていた。しかし、九郎には男子はなく、一人娘をたいへん可愛がっていた。娘が一八歳になった晩秋の十三夜に、娘の婚約を祝って、村をあげての宴会を行なっていたところ娘の寝室に雷が落ち、突風と臭気が立ちこめ皆がそこに駆けつけると娘は大蛇となり赤い舌を出し眼光するどく飛び出していった。九郎は帰依している真言宗の高僧に七昼夜密法を講じてもらったが効果なく、相州最乗寺の春屋和尚が招かれ、その力によって大蛇は霧消した。九郎はその徳に感謝して剃髪し、成願寺を建立した（図39）。九郎は永享一二年（一四四〇）に卒した、というものである。

それに続く年代のものは戸田茂睡の随筆『紫のひともと』天和三年（一六八三）（中野区立歴史民俗資料館一九九三）に見ることができる。「淀橋なるこ宿と中野の間に有元は姿見川の橋といふ云よきまま姿が橋といふ昔武州多堂郡（多東郡か）中野の内正観寺といふ寺の薬師の棟札に朝日長者昌連が書たるはうるし千盃朱千盃黄金千盃金千両銭十六万貫朝日さす夕日かがやく藤の木の下に有と云々是を埋るとき下人に負せて此橋を渡りて埋みたるが下人埋めたる所を知て掘取る事もあらんとてそこにて殺す彼下人の渡りたるをば皆人見たれ共帰りに渡る姿を見ざる故に姿見ずの橋と名付けたるよし所の者いひし一説あり（文中括弧内は筆者）」（図40）とあり、「成願寺勧進帳」にはない姿不見橋（淀橋）の由来に関するモチーフが語られている。

七年後に刊行された『増補江戸惣鹿子名所大全』元禄一〇年（一六九〇）（中野区立歴史民俗資料館一九九二）では、面影橋（姿不見橋）の由来の説明の中に登場する。「又姿不見の橋ともいふなり、往昔武州多摩郡に昌蓮とい

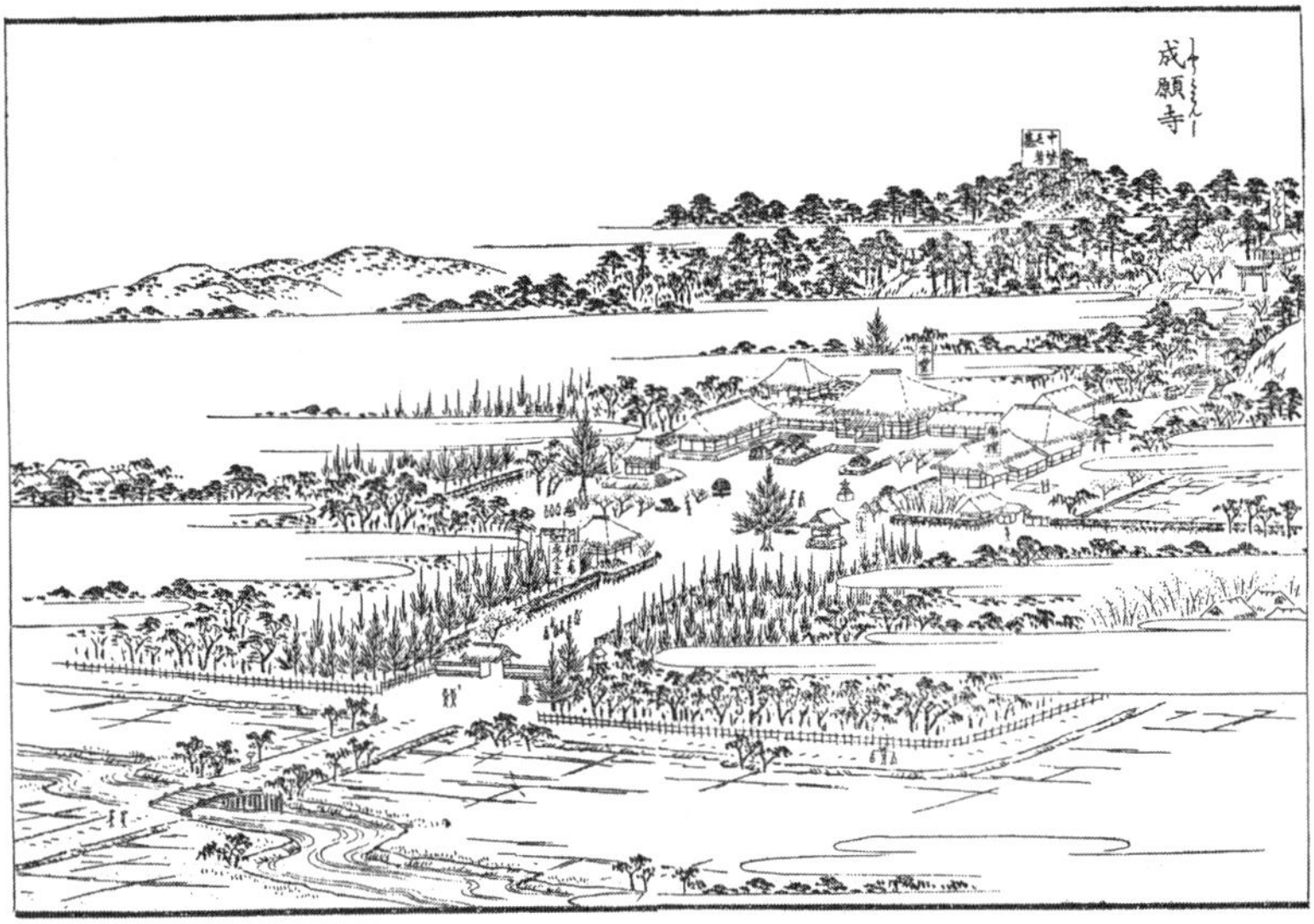

図39　中野長者が建てたといわれる「成願寺」（『江戸名所図会』より）と現在の成願寺

現在、境内の東半分は山手通りになっており、かつての景観は大分損なわれている。

う富者ありしが、うるし千盃朱千盃黄金千盃を僕に負せて此橋を渡りて、そこのあたりに埋けるとなり、その僕の人にかたらん事をふくみて殺けり、その霊魂化物となりて此橋をわたりてかへりを人見ず、よって姿不見のはしと名付けると所のものはかたるなり」。内容としては『紫のひともと』とほとんど同一であることから、ここを典拠としたものと考えられる。

続いて『江戸砂子温故名跡誌』享保一七年(一七三二)(小池一九七六)も「むかし多磨郡中野の内正観寺の薬師堂の棟札に朝日長者昌連が書きたるには漆千盃・朱千盃・黄金千両・銭十六万貫、朝日さす夕日かがやく藤木の下にありといふ。これをうづむ時、下男負せて、此はしをわたりけるが、下男が後にぬすむ事もありやとそこにてころしけると也。その下男のわたりたるは人見たけれども、返りさる所を見ざるゆへに、姿不見橋といふ也、と里人の物語なり。」と記載され、内容は『紫のひともと』と酷似している点からやはり、これを借用したものといえる。

以上見てくると『紫のひともと』以下の文献には、勧進帳にない要素として、長者の悪業とそれにちなんだ姿見不橋の由来が語られており、いずれも『紫のひともと』に拠っていると考えられる。

完成段階の中野長者伝説

中野長者伝説が現在語られているような形に整うのは、つぎの享保一九年(一七三四)の『多宝山成願寺縁起』(成願寺誌編纂委員会一九八八)からである。この内容を概略述べるとつぎのようになる。

応永年間、鈴木九郎は紀州から中野村にやってきた。九郎はこの地で家を興そうとしたが貧しく、総州葛西に痩せ馬を売りにいく途中、ほこらに「馬を売りて大観銭を得ば必ず奉献せん。」と誓った。市で馬は売れて、すべて大観銭であった、九郎は喜んでこれを奉納した。迎えた妻にこのことを話し帰ると、家の中は黄金で満ちていた。九郎はこの黄金を使って熊野十二社を建てた。その後、九郎の家は益々豊かになり、中野長者と呼ばれるようになった。黄金は益々増え、家に置ききれなくなった。そして、密かに奴僕に運ばせ、郊野に埋めた。そして、その場所が洩れるのを恐れて、そのたびごとに奴僕を殺した。

九郎には艶麗無比の娘が一人いた。娘が婚約を結ぶとたちまち婿が死に、数人に及んだ。村では不吉な女と呼ぶようになった。あるとき婚約が整い結納の式の日取りも決まったが、また、婚約者は死んでしまった。その夜、暴風雨となり娘は大蛇に変身して走り出し、池に投じた。風雨は何日もおさまらず洪水となった。僧に祈らせたが効果なく、相州最乗寺の春屋和尚が招かれ、その力によって暴風雨はおさまった。和尚が娘に真窓正観禅女の法号を与え、血脈を池に投じると大蛇が現われた。禅杖で頭を叩き、偈を与えると大蛇は娘にもどったが紫の雲にまたがって天に昇っていった。九郎は大変感謝して得度して正蓮と称して、その屋敷地に正観寺を建てた（寛永五年祖峯和尚が成願寺と改めた）（図39）。

また、七塔を建てて仏を供養した。九郎は永享一二年（一四四〇）に卒した。

この段階では、『成願寺勧進帳』にない要素であった、『紫のひともと』に語られた長者の悪業が加えられている。また、九郎が塔を建てたこと、九郎の出身地が紀州であること、十二社熊野神社を建てたこと、大蛇になった娘が池に身を投じたことが新しいモチーフとして登場してくる。

さらに、中野長者の名称の成立に関しては『成願寺勧進帳』段階では無双の長者、『紫のひともと』『江戸砂子温故名跡誌』では朝日長者と呼称されている。しかし、仔細に見ると『紫のひともと』『江戸砂子温故名跡誌』

図40　姿不見橋（淀橋）の情景

上：江戸時代（『江戸名所図会』より）、下：現在の様子に登場する朝日長者は姿不見橋の由来伝承として登場するもので、厳密には『成願寺勧進帳』にはないモチーフであることから、勧進帳でいう無双の長者と同一のものを指しているのかどうかについては明確ではないのである。また、朝日長者伝説は全国的に流布しているもので、その中で財宝のありかについては「朝日さす夕日輝く(ここに財宝のありかの場所・樹木が一般的)漆千杯黄金千杯」という定形句の歌で示すというものである。『成願寺勧進帳』で語られる内容はこれとは異なっており、むしろ、観音様に祈願をして、馬を交換して富を得るというストーリーはわらしべ長者伝説の観音祈願型にきわめて近いものである。これらの点から当初、成願寺に伝わる寺の縁起と、姿不見橋の由来は別々のものであったと考えられるのである。これらが、包摂されて一つになり、中野長者という新しい固有名称が完成したのが享保一九年(一七三四)の『多宝山成願寺縁起』段階ということになろう。

つづいて元文二年(一七三七)の新宿区角筈の十二社熊野神社の縁起『熊野十二社権現縁起』(成願寺誌編纂委員会一九八八)では(図41)、古くから熊野の地は鈴木氏が奉任する地として、鈴木庄司重邦・重倫・重家と続き源平の戦乱に活躍したことを述べ、重家の家系が紀州藤代に代々続いていると述べる。その後段に応永の頃にその余胤である鈴木九郎が中野にくる話となっている。そして浅草に奉納して帰ってみると家中が黄金に包まれていた以降の話は成願寺縁起と同一である。

敷衍化の段階

以上のように整えられた中野長者伝説が多くの地誌に採り上げられ知られていくのは一八世紀後半からである。これ以降の文献を見ていきたい。

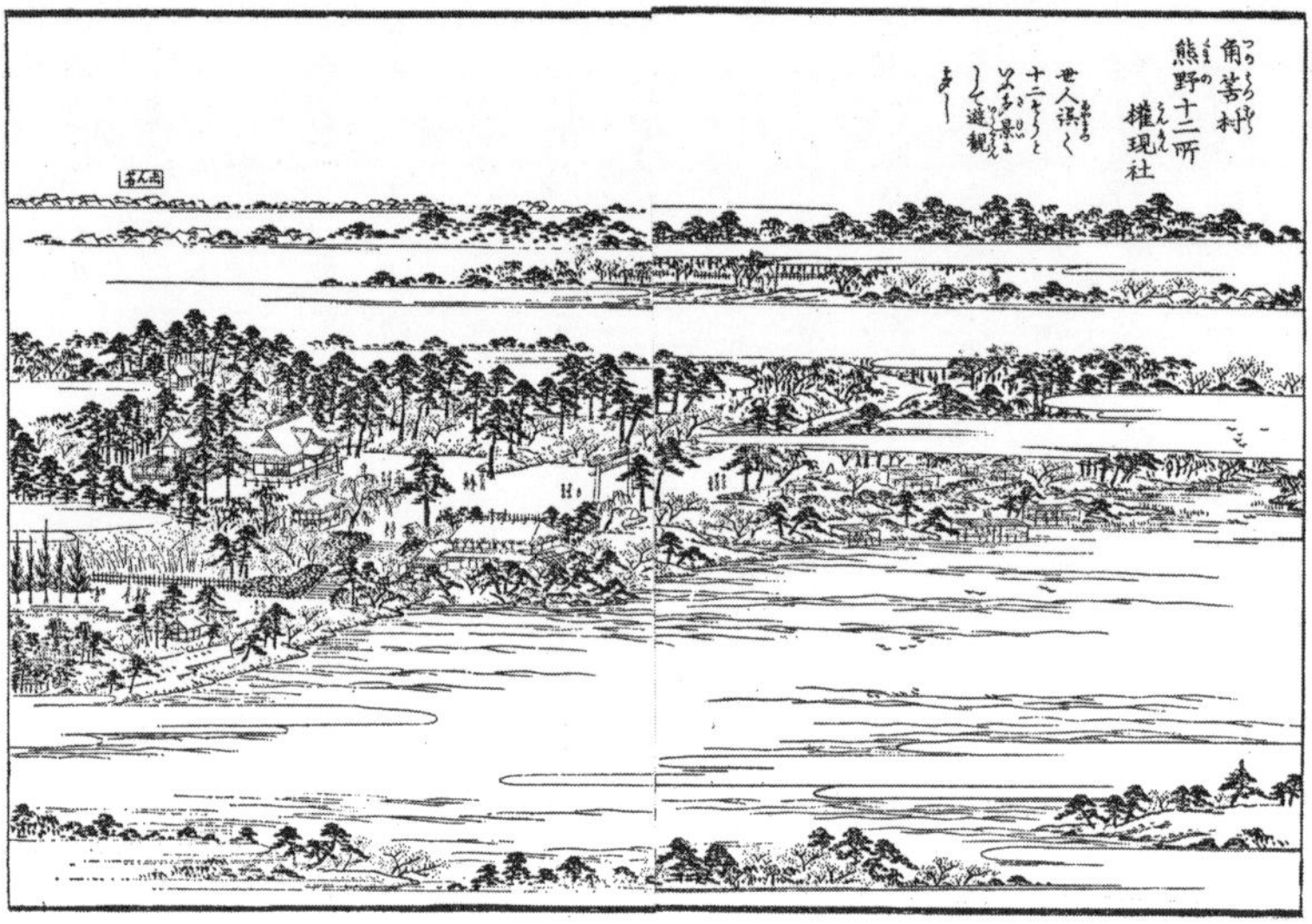

図41　十二社熊野神社の今昔（上は『江戸名所図会』に描かれたもの、下は現在の状況）
鳥居のうしろが社殿、中央建物は神楽殿、右の建物はみこし蔵で、これらの建物は上図と同じ位置にある。

『新編江戸志』安永年間（一七七二～八一）（中野区立歴史民俗資料館一九九三）は、基本的な内容はいままでのものと同じであるが九郎の出身地については触れられていない。

『新編江戸名所図誌』安永～文化年間（一七七二～一八一五）（中野区立歴史民俗資料館一九九三）では、成願寺と中野の塔の話は『江戸砂子温故名跡誌』と同文であるが、十二社権現についいては一項目設けている。紀州については直接記されていないが、鈴木九郎の邸宅の丘陵を藤代山に擬して祠を建てたと記載する。『江戸紀聞』文化二・三年（一八〇五～六）（中野区立歴史民俗資料館一九九三）の成願寺と中野の塔の話は『新編江戸名所図誌』『新編江戸志』と同文であり、一つを典拠として転載される形で広まったことがわかる。

『江砂代餘礫』文政六年（一八二三）（中野区立歴史民俗資料館一九九三）では、熊野十二社について「紀州熊野より鈴木九郎昌蓮持来り当所へ安置す」、中野の塔について「宝仙寺といふありき夫より三町程山中に少き三重塔あり内に鈴木昌蓮夫婦の木像あり此所を朝日昌蓮の居宅跡のよし」とされ、宝仙寺三重塔内に安置されている老夫妻の木像を中野長者夫婦のものとしているが、つぎの『武蔵名勝図会』文政六年（一八二三）（片山一九七五）ではこれを否定する。宝仙寺三重塔の項目に「塔内に夫婦老体の木像あり。これを中野長者が像なりというは誤りなり。これは塔建立の砌、村内の者にて飯塚惣兵衛というもの助力しけるゆえ、この者夫婦の像を塔内に納む。木像の裏に俗名、法号、年月日を記してありけるなり。俗に云う、この塔は本郷村成願寺の塔なりと。この説も大いに誤りを伝うるなり。」としている。宝仙寺三重塔は昭和二〇年五月の空襲で残念ながら焼失しているが、昭和七年に東京府が詳細な調査を行ない、その調査報告書からことの真偽を検討することができるので後述する。

『武蔵名勝図会』では、中野長者伝説について本郷村成願寺の項目に記載されており、内容は成願寺縁起の要旨であるが、九郎の出身地が紀州藤城と享年が六九歳と具体的な記載が登場している点が縁起とは異なっている。『新編武蔵風土記稿』文政八年（一八二五）頃成立（雄山閣一九八一c）では、中野長者伝説については本郷村成願寺の項目に登場する。全体的に流れは成願寺勧進帳、成願寺縁起、武蔵名勝図会と同一であるが、九郎の素生が紀州の神官であるという記載が新たに加わっている。

また「今按に『小田原家人所領役帳』に中野内正歡寺とあるのは、恐くは此寺なるべし、長者が娘は正観なれど、観と歓と同音にて字形も似たれば、役帳の誤寫なるにや、その後又成願と改めしも、正観と成願と音も近く（後略）」と、著者の資料解釈が述べられている。

『小田原衆所領役帳』（東京市史編纂室一九八八）は永禄年間に成立した、小田原北条氏の家臣団の領地配分を詳細に記録したもので、その頃まちがいなく正歓寺が実在していることを示している。

これ以降の文献としては『江戸名所図会』天保七年（一八三六）（鈴木・朝倉一九七五）、『江都近郊名勝一覧』弘化四年（一八四七）（中野区立歴史民俗資料館一九九二）、「嘉陵紀行」文化四年（一八〇七）～天保一二年（一八四一）（中野区立歴史民俗資料館一九九二）があるが、内容はこれまで挙げてきた内容の引き写しとなり、新たな要素は追加されていない。

このように見てくると、まず、鈴木九郎が信心深く長者になり娘に不幸が起こったまでと、姿不見橋の由来となる長者の悪業、九郎が十二社熊野神社を建てたこと、九郎が塔を建てたこと、九郎の出身地が紀州であること、大蛇になった娘が池に身を投じたことの諸要素にまとめられ、これらが整うのは「成願寺縁起」段階であり、当初から連動したストーリーとしてではなく、別々のモチーフであったということが考えられるのである。そのことを示す別な伝説・物語が周辺地域に認められるので次項で検討してみたい。

三　周辺地域の伝説との比較

大蛇化身の類似伝説

つぎに、中野長者伝説の展開する神田川流域には、この他にも類似する伝説があることに注目しておきたい。それは、三鷹市の井の頭弁天にある宇賀神像にかかわる物語である（三鷹市史編さん委員会一九七〇）。内容を簡略に述べると、昔、北沢の松原に鈴木左内という長者がいた。子供が授からないため井の頭弁天に願掛けをしたところたちまち女の子が生まれた。弁天様の申し子として夫妻はとても大切に育てた。やがてみまがうばかりの美しさに成長した。一六歳になった春、一家で井の頭弁天に参詣に行ったおり、娘は井の頭池の主であったことを告白して池の中に身を投げた。そして白蛇に変身して夫妻に礼をいい池の底に沈んでいった。夫妻はせめてもの供養に宇賀神像を建てた、というものである。ちなみにこの宇賀神像は現存しており、その台石には明和四年（一七六七）の銘と大勢の願主の名が刻まれているが鈴木左内の名はない（図42）。この像に付会するとされる伝説が像以前からあったものなのか、建立以後に生まれたものなのか不明である。しかし、まったく同一の伝説「井の頭池蛇変化娘」が世田谷上北沢村に伝承されており、鈴木左内という名もこの村の代々の名主の名跡として実在しているのである。世田谷区に伝わるこの伝説の担い手は鈴木左内宗保とされており、寛政四年（一七九二）に建てられた鈴木氏祖先碑（世田谷区一九六二）によれば、この人物はおおよそ慶長～寛文年間に実在していたことがわかっている。この鈴木家とは『新編武蔵風土記稿』（雄山閣一九八一b）によれば、北条氏康の家臣で

図42　井の頭弁天「宇賀神」像と『江戸名所図会』
階段上の鳥居の右側に宇賀神像が描かれている。江戸時代以来、その位置は変わっていない。

ある鈴木但馬重経の嫡男重継が北沢村に居住して吉良氏の家臣となった。重継は武田信玄との駿河蒲原の合戦で永禄一二年（一五六九）に討死するが、三男の重貞が家康の江戸入府によって吉良氏が上総に退去する際に帰農して名主となったというものである。さらに興味深いこととして、鈴木家自身に伝わっている由来によると、始祖は饒速日尊で以来紀州熊野藤白に住していたということであり（上北沢桜上水郷土史編さん会一九七七）、その内容は『熊野十二社権現縁起』とまったく同一なのである。さらにこの伝説で驚くべきことは、中野長者伝説のモチーフに近いということである。鈴木・熊野藤白・娘・蛇といったキーワードが一致しているのであるが、大きな違いとしてはそこに中世の趣を示す要素がないことである。このようなことを踏まえてこの伝説の成立時期を考えると、鈴木左内云々という物語のはじまりから、おそらく最初に左内を名乗った鈴木宗保の実在する時期以降と考えるのが妥当かと思われる。そうすると一七世紀中頃以降ということになるのである。

その他に、中野周辺で中世段階で鈴木姓が登場するものとしては豊島村（現豊島区）に認められる。『新編武蔵風土記稿』（雄山閣一九八一a）によれば、豊島村鎮守の紀州明神社は豊嶋氏が紀州から勧請してきたもので、その造立に紀州熊野の鈴木重尚という人物がかかわったという。そして、その末裔が天文一七年（一五四八）に豊島村に移住して現在まで続いているというものである。このように、周辺地域には鈴木姓が紀州熊野とのかかわりあいとして中世以来広い範囲に見ることができる。ところで、鈴木という苗字は日本でも大変多い事で知られているが、その出自についてはほとんどが紀州熊野や藤白から出ているという（太田一九六三）。ここで中世の武蔵野では紀州熊野信仰がきわめて盛んであったことから、これらの先達が当地に訪れることは必然的なものであったものと考えられるのである。ましてや鈴木姓の人物が少なからず武蔵野にやってきたことは周辺伝説からみても首肯できるのである。

こういったことからも鈴木九郎を一人の固有人物として把握するのではなく、江戸氏支配下における熊野信仰の隆盛を象徴する存在として評価するべきものと考えられるのである。いずれにしても中野長者伝説の紀州熊野との関係はこういった歴史背景を反映するものであるという結論になるのである。

長者の悪業と前世の報

さて、世田谷・三鷹に伝わる伝説にはなく、中野長者伝説にある要素としては、長者がその土地で成功するモチーフと、悪事を働き仏罰を受けるというストーリーである。これについては別な系譜が存在するのであろう。

これらのことを考える上で、新宿区柏木に伝わる物語が何か参考になると思われるので見ていきたい。

これは江戸後期の文化人石塚重兵衛（豊芥子）の記した『豊芥子日記』文化一〇～一一年（一八一三～一四）（中野区立歴史民俗資料館一九九三）の中に紹介されている元禄年中に刊行された印本『ゑもん桜物語』に見ることができる。

これは、現在でも知られている新宿区柏木円照寺の右衛門桜（図43）の由来について書かれたもので、その物語の中で関連する部分を簡略に述べるとつぎのようになる。平忠常の乱の戦功によって柏木角筈の地を賜った乙葉三郎右衛門佐は館を構え、中野庄司の娘を妻にした。ここに八剣の九郎という盗賊がいた。この者は伊勢の伊良湖岬で海賊をしていたが、熊野の山伏と戦い負けて、東国にさまよった。そして「中の原くらがりの森、鼠山、成子の里、ひびきの淵、姿見ずのはし」あたりに出没して強盗のかぎりを尽くしていた。かねてから中野庄司の家に目をつけており、この郷万長者の息子である屈強な太郎と知略にたけた五郎らが伊豆の温泉に出かけたことを確認して、手下を整え屋敷内に討ち入り激しい戦闘の結果、財宝をことごとく奪った。長者も深手を負い、つぎのように語った。「前世のしゅくごう感ずる所と覚えたり」。さらに「是は宿縁の報ふ所なるべし、太郎、五郎が帰りなば、此理りを語り聞すべし、宿業の今生に果す時は、来世引接の望遂やすきに似たるべし、今更の恨少しもなし」と言い置いて死んだ。その後乙葉三郎右衛門佐・太郎・五郎が駆けつけ物語は続く、という内容である。戦闘場面はきわめて臨場感にあふれ、長者の屋敷も四方が塀に囲まれ、門の中に大勢の従者がおり、東側車宿から火の手が上がったなど、まるで見てきたかのように描かれている。この原典はおそらく元禄年間の戯作であろうが、それにしても中野地域の細かな字名などは正確を期しており、現地を熟知している者でなければ描けないものである。モチーフも生々しいものがあり、簡単に戯作として看過する内容とは思われないのである。

左は『江戸名所図会』に描かれた「ゑもん桜」、下は現在の状況であるが、左に描かれた位置は今の本堂の左側にあたり、無縁塚（上）となっている。

図43　新宿区柏木円照寺の「ゑもん桜」

可能性としては、この地域に実際に起こった出来事が何らか反映していることが考えられる。そして、中野庄司という長者がおり、それが死する時に前世の報いを自覚していること、盗賊が熊野の山伏と戦って中野に流れ着いた点などに中野長者伝説との一致を見ることができるのである。

四　中野長者伝説の成立過程

前項までに伝説のモチーフの変遷について、そして関連する周辺の伝説について述べてきたが、ここではその要素がどのように絡み合って整理完成していったのかについてまとめてみたい。

まず、記録として最も古い明暦元年（一六五五）『成願寺勧進帳』の内容を原型として、そのモチーフをまとめるとつぎのようになる。

①　当郷鈴木九郎は父祖以来家業を商う貧しい者で、売れた馬の代金をすべて浅草観音に奉納した。家に帰ると、黄金で満ち溢れていた。そして無双の長者になった。

②　九郎には男子はなく、一人娘をたいへん可愛がっていた。婚約を祝って宴会を行なっていたところ雷が落ち娘は大蛇となり飛び出していった。

③　相州最乗寺の春屋和尚が招かれ、その力によって大蛇は霧消した。九郎は剃髪し、成願寺を建立し永享一二年（一四四〇）に歿した。

つづいて『紫のひともと』天和三年（一六八三）では、

④　朝日長者昌連が朝日さす夕日かがやく藤の木の下に財宝を埋め、その時下人が埋めた所を知っているため

そこで殺した。

⑤　橋を下人が渡るのを皆が見ているが、帰りに渡る姿が見えないために姿不見橋と名付けられた。

つぎに享保一九年（一七三四）の『多宝山成願寺縁起』が挙げられる。この内容を概略述べるとつぎのようになる。

⑥　応永年間、鈴木九郎は紀州から中野村にやってきた。

①　市で馬が売れて、すべて大観銭であった。九郎は喜んでこれを浅草観音に奉納した。帰ると、家の中は黄金で満ちていた。

⑦　九郎はこの黄金を使って熊野十二社を建てた。

⑧　九郎の家は中野長者と呼ばれるようになった。

④　黄金は益々増え財宝を奴僕に運ばせ郊野に埋めた。その場所が洩れるのを恐れて奴僕を殺した。

②　九郎には娘が一人いた。結納の式の日取りも決まり、その夜、暴風雨となり娘は大蛇に変身して走り出し、池に投じた。風雨は何日もおさまらず洪水となった。

③　相州最乗寺の舂屋和尚が招かれ、その力によって暴風雨はおさまった。大蛇は娘にもどったが紫の雲にまたがって天に昇っていった。九郎は大変感謝して得度して正蓮と称して、正観寺を建てた。九郎は永享一二年（一四四〇）に卒した。

⑨　七塔を建てて仏を供養した。

さてこれらの要素を整理すると①②③が明暦元年（一六五五）、④⑤が天和三年（一六八三）、①②③④⑥⑦⑧

⑨が享保一九年（一七三四）の構成となり、④⑤と⑥⑦⑧⑨が新たに追加されて、享保一九年（一七三四）のモチーフとなる。現在、喧伝されている中野長者伝説はほぼこの縁起段階の内容であるため、この伝説は天和三年（一六八三）から享保一九年（一七三四）までの間に各モチーフが組み合わされて完成したものと考えられるのである。このような組み合わせの変化を見ると、①②③と新たに追加される④⑤と⑥⑦⑧⑨が、本来別々な内容・系譜を持つものであったことが考えられる。

まず、⑥についてであるが、これは九郎の素生を述べたものとして追加されている。その出身地が紀州であることの意味は⑦を物語に加える時に不可欠な説明である。つまり十二社熊野神社をモチーフに加える場合、紀州をどこかに反映させる必要があるのである。創設者が紀州出身であれば必然性の高い展開になるのである。あるいは九郎を紀州の出身としておいて九郎と十二社をつなげることも可能なのである。いずれにしても⑥と⑦が結びついていることが解る。つぎに②のモチーフに出てくる池は江戸時代にはどこの池であるかは明記されていないが、現代では十二社の池とされており、これも⑥⑦から派生した相乗効果として成立したものと理解できるものである。しかし、この池は前述したように本来的には三鷹・世田谷に残されている井の頭池の伝説であったことも考えておかなければならないだろう。これらの伝説の本質は、湧水が豊かで良質な水脈を誇る土地に存在する水の神、すなわち蛇にかかわる土着の信仰が根底に横たわっていることを想定するべきであろう。現実に、中野の宝仙寺には江戸時代に井の頭池の主であった龍の頭骨といわれるものが伝わっていたことが挿図付きで『武蔵名勝図会』（片山一九七五）に紹介されていることからも理解されるように、武蔵野の中央に流れる神田川にかかわる水神信仰は普遍的に存在していたのである。②の背景はこのことと関連づけられるのである。

⑧については前述したように当初は「無双の長者」と呼ばれていたものが、全国的に流布する「朝日長者」と混同される経過を経て融合整理された結果「中野長者」として、享保一九年（一七三四）の段階に固有名詞化したものと考えてよいだろう。

⑨については、『江砂代餘礫』文政六年（一八二三）では宝仙寺の三重塔をこれにあてて昌蓮の木像が存在することが強調されているが、後述するようにこの塔の建立は寛永年間であることは明らかであるため、享保一九年（一七三四）の段階に付会されたものと考えるのが妥当であろう。ただし、この塔とは違う場所である成願寺の東側に「塔屋敷」という字名が昭和初年まで残されていたことを考えると、成願寺に塔があった可能性は完全否定できない。

④⑤については、長者の悪業に関する内容であり明暦元年（一六五五）の段階にはないものである。『紫のひともと』天和三年（一六八三）の段階以降に、付会されたものと理解できるが、前述した元禄期の印本とされる『ゑもん桜物語』に語られている郷万長者中野庄司と盗賊八剣の九郎との物語に前世の報いにより財宝と命を失った内容に注目したい。この物語の中野に関わる記述が詳細であることは述べたが、あるいはこのような内容の何らかの事実を受けたものではないだろうか。

中野長者伝説の成立過程はこのように考えられるのであるが、これらのモチーフは単に言い伝えられてきたというばかりでなく、その根底には中世の歴史事象を反映するところが多分にあると思われる。次項ではその点について検討を進めていきたい。

五　中世における中野地域の歴史展開

さて、中野長者伝説が様々なモチーフを包摂するかたちで完成するのは江戸時代にあることを地誌などの文献から見てきたが、いずれの場合も物語の舞台は中世である。また、その本源地である成願寺は、小田原衆所領役帳の記載ばかりでなく、残されている中興開山の珍相や仏像など（田中・星山ほか一九九六）の年代からも明らかにその創建は中世になるものである。そういったことから伝説の初源がそこにあると考えた場合、その背景となる時代の中野の歴史状況を見ておく必要があるだろう。

江戸氏の支配と熊野信仰

まず、文献史料で中野という地名が初出するのは紀州熊野那智大社に伝わる米良文書に見る「武蔵願文」である。短いため全文を挙げてみよう。「武蔵国多東郡中野郷　大宮住僧　初度丹波暁尊（花押）　二度若狭阿闍梨初度式部良尊（花押）　頼尊（花押）　初度伯耆頼算（花押）　同国豊嶋郡江戸郷　山王宮住僧　初度三河阿闍梨朝禅（花押）　初度兵部祐順（花押）　初度侍従道秀（花押）　貞治元年十二月十七日　那智山御師　村松盛甚大弐阿闍梨御坊」である。これらの内容は、中野郷大宮、すなわち現在の杉並区大宮八幡宮の僧と、江戸郷山王宮、つまり千代田区日枝神社の僧達が熊野那智大社に参詣に赴いたことを示す記録である。

初度あるいは二度というのは行った回数を示すものであるから、かなり頻繁に行なわれていたことがわかる。この頃の武蔵野台地南部、中野一帯は、江戸氏の支配下であった。江戸氏は旦那として熊野那智大社と深いかかわりがあり、熊野那智大社文書に嘉元三年（一三〇五）から文安五年（一四四八）までの間に多くの記録が残されていることからも知られている。

杉山博氏の分析によれば、これらから江戸氏一族の質的変化が読み取れるという。氏によれば、応永七年（一四〇〇）までは「一門一円」とあるように一族的団結が濃厚であるが、その後、庶流が分立して細かな小領主化していくとされている。

このことを示す文献として、前述の米良文書の中に応永二七年（一四二〇）「武蔵国江戸の惣領之流」がある。全文を挙げると「六郷殿　しほ屋との（しふ屋との）　まつことの　中野殿　あさかやとの　いたくらとの　さくらたとの　いしはまとの　うししまとの　大との　らうかたとの　しはさきとの　うの木との　けんとういんかねすきとの　こひなたとの　このほかそしおおく御入候、はらとのいつせき　かまたとのいつせき　応永廿七年五月九日（文中の括弧は筆者）」となり、六郷・中野・阿佐ヶ谷・桜田・石浜・鵜の木・小日向など現在でも残されている地名を見ることができ、ほぼ東京二三区南部一帯がその領域であることがわかる。さて、このように小さく分立した江戸氏の庶流であるが、その中に「中野殿」「あさかやとの」と二つの名があり、中野・杉並に小領主が存在していたことが明らかにされているが、この二氏はその後の文献記録に登場することはなく、事跡は不明である。

太田道灌から後北条へ

以後、関東は動乱の中に巻き込まれていくが、中野周辺地域が記載されている文書としては『道灌状』による文明九年（一四七七）の江古田原沼袋合戦がこれに続く。これは太田道灌と豊島氏が中野区江古田地域で合戦をした記録で、これによって武蔵野の名族豊島氏は衰亡するのである（第Ⅲ章参照）。前述した江戸総領之流から五七年後の出来事であるが、このころの江戸氏領域の事実上の支配者は長禄元年（一四五七）に江戸城築城に着手した太田道灌になっていた。

さらに、文明一七年（一四八五）の僧堯恵の紀行文『北国紀行』（中野区立歴史民俗資料館一九九二）には「（六月）廿八日。武蔵ののうち中野といふ所に。平重俊といへるが催しによりて。眇々たる朝露をわけ入て瞻望するに。何の草ばの末にも唯白雲のみかかれるのを。」とあり、中野の平重俊という人物の宴に招かれたことが述べられている。この年は太田道灌が高僧万里集九を静勝軒に招いたり、翌年道灌は暗殺されるが、その直前には建長寺や円覚寺の学僧を招いて隅田川の船上で歌会を開催したり絶頂期であった。道灌の本拠地が江戸城であることからも中野の平重俊という人物が太田道灌ということはないだろう。おそらく、前述の中野氏の後裔に相当する人物と考えるのが妥当性が高い。

その後、後北条氏が関東を席巻するようになり、武蔵野台地はそれらの家臣達の領有地と変貌していく。永禄二年（一五五九）成立の『小田原衆所領役長』（東京市史編纂室一九八八）から中野にかかわるものを抽出してみると島津孫四郎の領地として沼袋、島津又次郎の領地として中野郷正歓寺、道灌の曾孫にあたる太田新六郎康資が中野内阿佐ヶ谷に、その寄子に中野内大場に源七郎分、江戸江古田に恒岡弾正忠分といった具合である。

また、同書の中の柏木角筈に関連して「是島津同心江戸小三郎本地問答有但御判形御尋之上可有御落着間除之」とあり、中野郷周辺の領主である島津氏の同心として江戸氏が組み込まれていたことがわかる。この他に喜多見・大蔵・岩戸といった世田谷吉良氏の領域内の寺社棟札に少なからず江戸氏の名が残されていること（世田谷区一九六二）から推しても、それまで割拠していた江戸氏一族は後北条氏家臣やその他の領主層の傘下に属していったのである。その点で世田谷吉良氏の家臣に名を残す中野主膳正も中野氏の可能性が指摘できる。また、ここで登場する江戸小三郎は中野郷の一部である柏木角筈に関係していたことから考えて「武蔵国江戸の惣領之流」の中野殿、『北国紀行』の平重俊につらなる最終的な姿と考えておきたい。

さて、この頃のこととして小代官堀江氏の存在に注目しておかなければならないだろう。

小代官とは後北条氏の支配地特有の役職の一つで年貢の管理など事務一般をまかされていたもので、後北条氏の直接の家臣とは異なり、在地豪族が任命された。小代官堀江氏は江戸時代には中野村名主を勤め、中野筋鷹場の触次役として近隣八一カ村を束ねる総名主で、その出自については、堀江家文書の文化元年（一八〇四）の「由緒書」や年代不詳の「四ツ谷伊賀町永拝借地ニ付書上」「乍恐書付を以奉願上候」によって知ることができる（大石一九九〇）。いずれも江戸後期の史料であるが、堀江家自身の残したものとして一応信頼性が置かれるものである。これらの内容を簡略に示すと、まず、堀江家の先祖堀江兵部が、永享年間（一四二九～四〇）かあるいは弘治元年（一五五五）に、越前から百姓一八名とともに中野郷にやってきて、新田開発を行なった。後北条支配下においては中野郷五カ村の小代官をつとめ、北条氏直の虎判状を受け取った。さらに後北条氏滅亡時に豊臣秀吉の禁制も堀江家に発布された、というものである。後北条氏の虎判状二通と秀吉の禁制一通は現在中野の宝仙寺に残されており中野区指定文化財になっている。出自の地と伝えられる越前には戦国時代朝倉氏の家臣として堀江氏が実在しており、福井県あわら市には堀江氏の館番田館が残されている（本荘郷土史研究会一九八七）ことからその来歴が越前にあるのは間違いないだろう。

堀江氏が近世に青梅街道沿いに屋敷地を移す以前の館は中野区中野一丁目三一番周辺にあり、発掘調査によっ

江戸時代の状況（『江戸名所図会』より）

昭和７年の状況（東京府報告書より）

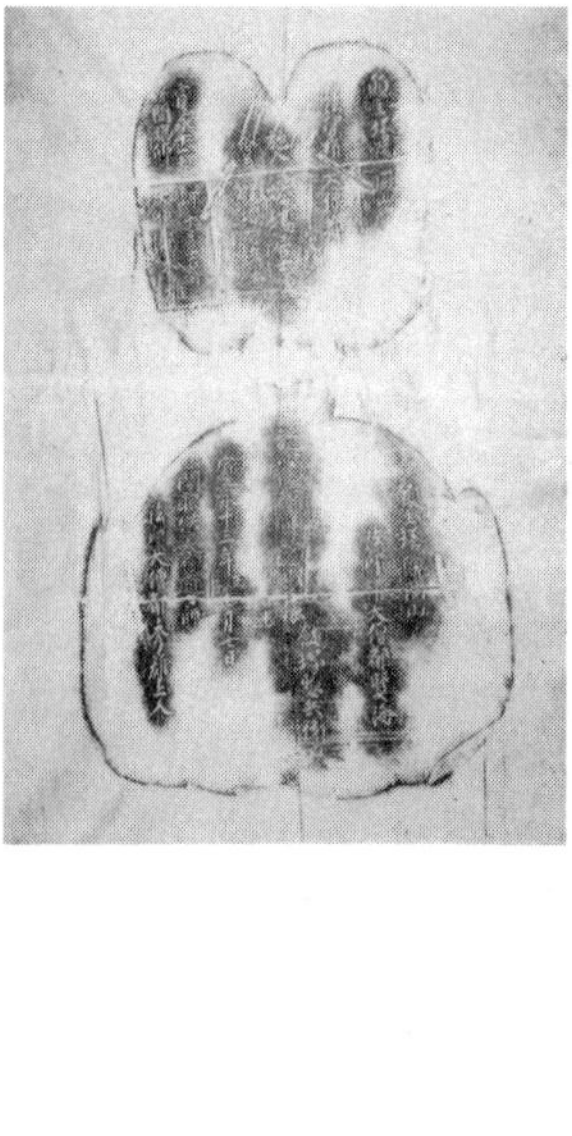

塔内に安置されていた造立者・飯塚惣兵衛夫妻の木像。右は木像底面の銘（東京府報告書より）

図44　中野の塔〔寛永13年建立、昭和20年焼失〕

てその一端が明らかにされている。そのことについては後述する。

中野の塔について（図44）

最後に宝仙寺三重塔について、触れておきたい。これは中野長者が建てた塔といわれているが、実際はそれとは異なっている。太平洋戦争で焼失しているが幸いにも昭和七年（一九三二）に東京府によって詳細な調査が行なわれており、それにより内容を見ることができる（田邉一九三二）。この塔内には造立者である飯塚惣兵衛夫妻の木像が安置されており、像の下裏に銘文が書かれていた。飯塚氏像の裏には「願主　塔院　開山　法印権大僧都　賢海　施入院塔場居士像　俗名　飯塚惣兵衛　寛永十一年甲戌十月吉日　開眼師　大僧都秀雄」、飯塚夫人像には「願主　塔院　開山　法印権大僧都　賢海　施心院妙大姉像　飯塚惣兵衛内　寛永十三年丙子七月七日開眼供養道師」とある。これによって、塔が建てられたのは寛永一一年（一六三四）か寛永一三年（一六三六）であることが明らかにされている。当時、一般的に塔を建てるのは大名クラスに限られ、同時期では日光東照宮の塔が土井利位によって寄進されていることは有名である。中野の場合は飯塚老夫婦がこれを建てており、一介の農民層がこのような財力をなぜ持ち得たのかという謎が残る。

以上、中野における中世の展開を史料に基づいて概観してきたが、まとめてみると、江戸氏支配下においては熊野那智大社と深い関係があった。やがて一五世紀前半には中野氏・阿佐ヶ谷氏といった江戸氏の庶流が領主であった。太田道灌が事実上の支配者になった頃、中野には平重俊という小領主が支配していたがこれは中野氏の後裔と考えられる。後北条時代になると何人かの家臣の領有地となり、年貢などの事務を司る小代官として堀江氏が任命された。堀江氏は後北条氏滅亡後も続き、江戸時代は近隣の総名主となった。また、中野の塔は寛永期に飯塚惣兵衛夫妻によって建てられたものである。

六　堀江氏の館、城山居館について

前項の検討で、中野地域に割拠する何名かの小領主の存在が明確になったが、ここで、この地域の中世居館の考古学成果について見ておきたい。なお、第Ⅲ章と内容が重なるが論の必要性上あえて述べておきたい。この居館は通称城山と呼ばれその所在地は堀江家文書寛延三年（一七五〇）の「村鑑帳」に明らかにされており、現在の中野一丁目三一番地に存在している。古くから土塁と空堀がある方形居館であることが知られていたが、現在は宅地と公園になっており、その様子を偲ぶことはできない。発掘調査は共同住宅・住宅開発に伴って、一九九一年と二〇〇三年の二回にわたって行なわれた。一九九一年の調査では当時まで一部残されていた土塁と館内側についての範囲が対象にされ多くの知見を得ることができたので、これを仮に館内土塁調査と呼ぶ（比田井・工藤一九九二）。二〇〇三年の調査では居館北東部分の空堀コーナー部分が判明したので、これを空堀調査と呼んでおきたい（比田井・宮下・斎藤二〇〇三）。

館内土塁調査では、南北に約三七ｍにわたって土塁を検出することができた。東側半分は郵政宿舎により削平されていたが、土塁構築過程の版築土層から中心線が予測され、そこから復原すると幅約七ｍ前後、高さは当時の生活面から約二・五ｍ前後になると推定できる。土塁の内側には幅約一ｍ、深さ約五〇㎝の側溝が土塁に平行して構築されている。館内部の構造は、土塁に連なって並行して幅一〇ｍから一三ｍで一段高くなった部分があり、ここからは掘立柱建物が四棟、柱列三ヵ所、井戸が二基検出されている。この段の西側の低い部分は良好な硬化面が広がり、この部分に南北方向に幅一・三mの轍が何条も検出されており、荷車が館内に頻繁に往き来していたことが判明している。調査範囲の北側に倉庫があったのであろう。年貢の収納にいそしんでいた小代官の仕事ぶりを彷彿とさせる遺構群である。

その西側に再び一段高くなった部分があり、ここが館本体の建物があったところである。無数の柱穴が検出されており最低でも四棟の立替が同一範囲で行なわれたことが判明している。これらがII期遺構群である。

II期遺構群に先立つI期遺構群は土塁構築以前のもので、土塁の下層から検出されている。一つは調査区北部の土塁の下から土塁に直交した東西方向に幅約一m、深さ約五〇cmの溝が約一五mにわたり検出され、北側に溝に沿って、柱穴列が続いている。板塀を伴う小規模な空堀と解釈されるもので、土塁構築以前に別な小規模館があったことが判明している。そのほかにも土塁下層からは柱穴や地下式坑などが検出されている。

空堀調査では、幅約七m、深さは、当時の生活面から約二・八mで土塁とほぼ同様な規模をもっている。この調査で特筆されることは、堀の底面に方形の掘り込みを施し、いわゆる畝堀あるいは障子堀とよばれる形状をもっている点である。こういった空堀は後北条氏関係の城郭においてよく認められるもので、堀江氏が後北条氏の小代官であったことを象徴するものと評価できる。また、この地区でも土塁の下層から溝が一条検出されており、館内土塁調査のI期遺構群と一連のものとすることができる。

さて、この居館の構築時期であるが、II期遺構群の下限年代は堀江氏が青梅街道筋に居宅を移す江戸初頭であることは間違いないであろう。その上限については出土遺物の検討結果からは一五世紀中頃ということになり一九九一年時点ではそのように報告した。しかし、二〇〇三年の空堀調査で得た空堀の形状が畝堀もしくは障子堀であり、これは後北条氏が好んで用いたもので、関東進出に伴って持ち込まれた堀の形態であったこと（池田一九八八、小笠原一九八八・八九）を加味してみると、後北条氏の関東支配より古いことはないと考えられ、氏綱が武蔵進出を果たした大永四年（一五二四）以降ということになろう。堀江氏が小代官に任命されたのがいつなのかについては不明であるが、残されている天正四年（一五七六）の後北条氏から小代官あての虎判状の存在から考えれば、この時点で居館はすでに成立していたと考えるのが自然であろう。

以上のことから土塁と空堀で構成されるⅡ期遺構群の構築時期は一五二四年から一五七六年の幅の中で捉えるのが妥当性が高い。そしてそれは堀江氏の居館であったことはほぼ間違いないものと考えられる。また、これに先立つⅠ期遺構群は、中野氏・平重俊との関連性をイメージしておきたい。

なお、調査時点で邸内から出土としたいわれる板碑が屋敷神とともに立ててあったが、出土位置は明確ではない。年号は貞和五年（一三四九）であり、Ⅰ期遺構群の上限年代に多少の参考にはなるだろう。ちなみに伝説の舞台となる中野区内神田川流域では、この他に五基の板碑の存在が知られており（岡田一九九三）、永仁三年（一二九五）・元徳三年（一三三一）・文和三年（一三五四）・貞治七年（一三六八）・永和五年（一三七九）のものであり、ちょうど江戸氏の支配下で熊野信仰が盛んな時期に相当するものである。この頃の郷村の発達を示す史料ではあるが、伝説に直接リンクするものではないと考えている。

七　中野長者伝説と史実の関係

前項までに、中野長者伝説の内容と成立ち、中世の中野周辺地域の歴史展開、考古学成果からみた領主居館の姿について検討を進めてきた。ここでは、これらのことをまとめて、柳田國男の述べる伝説の本質である「実質の記憶」に観点をすえて、史実との関連性について考えてみたい。

そこで、改めて、完成された中野長者伝説の全体像を物語に沿って再分類してみると、A．紀州からやってきた青年が中野で成功をして長者になっていくというところからはじまり、B．十二社熊野神社やC．塔を建てたりしたが、D．資産を持ったために悪業をはたらき、E．その報いで娘が蛇になって池の中に姿を消してしまう。F．最後は仏法の力によって難局を切り抜けたことを感謝して成願寺を開創するという点でまとめられる。

まず、Aについては、中世における中野地域の開発に関わる内容の反映と考えることが妥当であろう。この地域の開発の初期段階としては紀州熊野那智大社との深い関連性が江戸氏あるいは豊島氏も含めて、歴史的背景に存在していたことは前項で述べた。当時の修験の山伏が全国を回って最先端の情報伝達者の役割をもっていたことはよく言われており、それは中央の文化・技術伝達の指導者でもあった。中野区内には熊野修験との関係ではないが出羽三山の先達によって新田開発が指導されたことが江古田村山﨑家文書「獅子由来并大蔵院起立書」に伝えられている（角田一九九二）。これは正徳三年（一七一三）に幕府に提出した文書の写しで、記述内容は江戸前期のもので中世に遡るものではないが、修験の先達が地域開発に大きな役割を持っていたことに関する傍証になるものと評価できる。

Bについても十二社熊野神社は実在しており、紀州熊野那智大社との関係から生まれたものであることは間違いない。遠く中世の開発段階で、大きな影響を与えていた紀州熊野との実質的な記憶を残すものとしてよいだろう。

一方、この地域の開発指導者は紀州熊野との関連性ばかりではないことも指摘しなければならない。それは中野氏や平重俊の存在、さらには堀江氏の存在である。中野氏・平重俊は、紀州熊野との密接な関係があったのと同時代に実在したこの地の小領主であるが、その足跡が残されていないのは、庶民信仰のレベルまで浸透した紀州熊野に対して、柳田のいう実質的な記憶に及ぶ力がなかったものと理解できるものである。しかし、その痕跡は城山居館跡で確認されたⅠ期遺構群の存在から垣間見ることができる。さらに、開発指導者として実質的記憶に鮮烈なのはやはり堀江氏の存在であろう。越前から流れてきて、この地に土着し、やがて後北条氏の小代官に任命され地域指導者として江戸時代以降まで至っていた事実は、紀州から流れてきて長者になった九郎の足跡モチーフと軌を一にするものであり、伝説完成期において、それ以前の古い記憶を凌駕し、融合させるインパクトがあったことは疑いないだろう。さらに一五二四年から一五七六年の間に築造され、伝説完成期の江戸時代初頭には使用されなくなったものの人々に知られていたはずである堀江氏の城山居館跡Ⅱ期遺構群の存在は当時の記憶に新しく、これが如実に示す、具体性のある景観は長者伝説を実体化する装置としては完璧なものであったと考えられるのである。

以上のことからAは、室町期に実際に存在した紀州熊野との関係で訪れた先達や、小領主中野氏と平重俊を中心とした地域開発の記憶が、江戸時代初期の伝説成立期の人々にとって鮮烈な印象を残していた堀江氏の事跡と絡み合って、鈴木九郎なる人物像を創出させたのであろう。

Cの三重塔については寛永期に土地の住民飯塚老夫婦が建立して宝仙寺に寄進したことは、前項で述べたとおり動かせない歴史事実である。ただし、住民老夫婦が成し得た仕事としては余りにも大きな事跡である点から、飯塚氏の実像が謎となるわけであるが、三重塔を建立する経済力をもっていたことは事実であろう。やはり長者の一つとして、その記憶は一連の物語の中に組み込まれていったものと想定しておくことが自然ではないだろうか。

Dに関しては、姿不見橋の名前の由来にからんだ、全国的に流布する朝日長者伝説として伝えられていたものである。一説には徳川家光が中野に鷹狩に訪れた時に淀橋と正式命名したというが、地元では大正時代まで不吉な橋として姿不見橋と呼ばれていたところを見ると何らかの事件の記憶が潜在していたものと考えられるのである。

その点で元禄期にまとめられた『ゑもん桜物語』の凄まじいストーリー展開は実質の記憶に基づくものではないだろうか。この場合は推測の域は出ないが、史料の限界もあり一応このような推定をしておきたい。また、このモチーフの成立年代であるが、姿不見橋（淀橋）のはじまりは、橋のかかる青梅街道が大久保長安によって慶長年間に江戸城普請の石灰運搬ルートとして開かれたのが最初ということから、その頃とすることができる。したがって物語としてのモチーフは慶長年間（一五九六～一六一五）から『紫のひともと』天和三年（一六八三）が記されるまでの期間にその成立時期を求めることができるだろう。

Eについては、豊かな水を供給する神田川流域に本来的に存在していた水神や竜に関する伝説との関係を指摘しておきたい。三鷹の井の頭や世田谷の上北沢村に伝わるこれらの伝説には多分に紀州鈴木氏との深い関係も見出すことができ、文献からは江戸時代初期以前には遡れないものの、本来的には中世の紀州熊野との関係と流域の開発に伴う民俗信仰が原形となり実質的な記憶として伝承されてきたものと理解したい。これがアレンジされて中野長者伝説に組み込まれたのではないだろうか。

Fは、中世から実在する成願寺の開創にかかわる、成願寺固有の伝承として独立したものと理解するのが妥当であろう。

八　まとめ―景観から見た中野長者伝説―

中野長者伝説の成立過程と、モチーフの歴史的背景について「実質の記憶」という観点から追究してきた。その結果、中野長者伝説の物語としての成立過程は、原形として、貧しい鈴木九郎が無双の長者になり、その後一人娘が大蛇となってしまい、仏法の力によって解決して九郎は剃髪して成願寺が創建されるというモチーフが明暦元年（一六五五）には成立しており、現在これが記録に残る最も古い伝説モチーフである。つづいて、長者が財宝を隠し悪業をはたらくという姿不見橋の由来が、天和三年（一六八三）までに、ストーリーに加えられる。そして、これらに、九郎が紀州出身であること、十二社熊野神社をたてたこと、中野長者と呼ばれたこと、塔を建てたことの要素が組み込まれて享保一九年（一七三四）に現在知られている形として完成したことを明らかにしたのである。

中野長者伝説の成立過程はこのように考えられるのであるが、これらのモチーフは単に言い伝えられてきたというばかりでなく、その根底には中世の歴史事象を反映しているのである。紀州からやってきた青年が中野で成功をして長者になっていくという前半の骨格は、中世中野地域の開発に関わる出来事の反映と考えることが妥当であろう。室町時代の紀州熊野信仰との密接な関係と、開発指導者として小領主中野氏や平重俊、そして堀江氏が史実として存在しており、彼らの居館跡も発掘調査でほぼ明らかにされている。また、堀江氏についてはその素性は越前から中野にやってきて来て中野郷に土着し開発を進め、やがて後北条氏の小代官に任命され地域指導者として江戸時代以降まで至っていたという事実は、紀州から流れてきて長者になった九郎の足跡モチーフとほとんどオーバーラップするものである。これらの複数の「実質の記憶」が一つに醸成されてこの物語のエキスとなっているのである。

後半の骨格である、長者の悪業と報いについて、悪業は、姿不見橋の名前の由来に絡んで、全国的に流布する朝日長者伝説に加えて地元に記憶されている出来事を象徴しており、報いである娘が蛇に化身することは、湧水が豊かで良質な水脈を誇る土地に生まれる水神信仰が根底に横たわっていることを示しているものと考察されるのである。

さて、以上のような成立過程と背後に潜む歴史事実について追究してきたが、これらの魅力的な伝説がいったいどのような景観の中で展開していたのであろうか。最後に舞台となる地域の中世景観について復元的に眺望して本章の締めくくりとしたい。巻頭カラー口絵として示したのは明治四二年に日本帝国陸地測量部が作成した地図のうち、「中野」「新井」を接合したものである。現在のJR中央線を除けばほぼ江戸時代の景観そのものといってよいだろう。中央東西方向に青梅街道があり中野宿の発展ぶりがわかるが、中世の景観はこの部分をそのまま空白にしたイメージでほとんどよいものと考えられる。

まず、南側に神田川が東西そして北上して新宿区落合から東側に屈曲して流れている。北上する神田川の途中に西側から合流する小河川は支流の桃園川である。これらの河川によって開析された谷戸は水田地となり、台地

図45　中野長者伝説の舞台（東京都庁第１庁舎展望台より西側をのぞむ）

上は畑地となっているのがこの舞台の基本的地形である。台地の上に宝仙寺がある。若干東側に寄った台地上に三重塔、ここから神田川に向かって下り坂となる。これが成子坂である。坂を降りきったところが姿不見橋（淀橋）、そして川沿いに南に向かっていくと成願寺がある。川をはさんだ南東側の谷戸のつきあたりが湧水地となりそこからの水が溜り、東南方向に縦に長い十二社の池となっている。池の北側に十二社熊野神社がある。成願寺側が本郷村、池側が角筈村である。また青梅街道周辺が中野村である。青梅街道の北側の川は桃園川でそのほとりに方形に土塁が図示された城山居館跡がある。この時代にほぼ完全に残されていることがわかる。成願寺も城山居館跡も共に背後に台地、前面に水田を眺める立地が共通している。さらに姿不見橋から川沿いに北に向かうと右側台地上に『ゑもん桜物語』の舞台である円照寺がある。

　このように中野長者伝説に登場するロケーション地はこの狭い範囲にコンパクトにまとまっているのである。川と田んぼ、そして台地、点在していたであろう集落、これらの日本の原風景の中で、伝説のモチーフは熟成され、遠い記憶と近い記憶とが見事に溶け込み、この地の人々によって完成され、語り継がれてきたのである（図45）。

【参考文献】

池田光雄一九八八「堀内部障壁の一形態について」『中世城郭研究』第二号、中世城郭研究会

大石　学一九九〇「中近世移行期の多東郡中野郷と小代官堀江家」『近世史研究』第四号、東京学芸大学近世史研究会

大塚民俗学会一九七二『日本民俗事典』弘文社

太田　亮一九六三『姓氏家系大辞典』第二巻、角川書店

小笠原　清一九八八「障子堀・堀障子および堀底特殊構造について　上」『おだわら―歴史と文化―』小田原市役所企画調整部文化室

小笠原　清一九八九「障子堀・堀障子および堀底特殊構造について　下」『おだわら―歴史と文化―』小田原市役所企画調整部文化室

岡田芳朗一九九三『中野区板碑資料集』中野区教育委員会

片山迪夫一九七五『武蔵名勝図会』慶友社

加藤盛慶一九三四『中野町誌』武蔵郷土史料学会

上北沢桜上水郷土史編さん会一九七七『わたしたちの郷土』
小池章太郎編一九七六『江戸砂子』東京堂出版
佐脇栄智ほか一九八三『後北条氏の研究』吉川弘文館
成願寺誌編纂委員会一九八八『中野長者の寺　成願寺』多宝山成願寺
杉山　博一九七七「江戸氏の発展と衰退」『江戸氏の研究』名著出版
鈴木棠三・朝倉治彦一九七五『新版江戸名所図会』中巻、角川書店
世田谷区一九六二『新修世田谷区史』上巻
田中義恭・星山晋也ほか一九九六『中野区の仏教美術』中野区教育委員会
田邊　泰一九三二『東京府史蹟保存物調査報告書』第九冊、東京府
角田　茂一九九二「獅子由来并大蔵院起立書」『研究紀要』Ⅰ、中野区立歴史民俗資料館
東京市史編纂室一九八八『集註小田原衆所領役帳』聚海書林
東京都中野区役所一九四三『中野区史　上巻』
永島福太郎・小田基彦校訂一九七二『熊野那智大社文書　第1米良文書1』続群書類従完成会
中野区立歴史民俗資料館一九九二『中野を読むⅠ―江戸文献史料集―』中野区教育委員会
中野区立歴史民俗資料館一九九三『中野を読むⅡ―江戸文献史料集―』中野区教育委員会
比田井克仁・工藤敏久一九九一『中野区城山居館跡発掘調査報告書』中野区教育委員会
比田井克仁・宮下孝優・斎藤由美子二〇〇三『中野区城山居館跡発掘調査報告書』Ⅱ、中野区教育委員会
本荘郷土史研究会一九八七『中世の領主　堀江氏館跡の考察』

前島康彦一九七五『太田氏の研究』名著出版
三鷹市文化財専門委員会一九九六『みたかの石造物』三鷹市教育委員会
三鷹市史編さん委員会一九七〇「井の頭の伝説と文学」『三鷹市史』三鷹市
森　安彦・三田義春一九八四『世田谷の地名（上）』世田谷区教育委員会
柳田國男ほか一九五一『民俗学辞典』（財）民俗学研究所
柳田國男一九六二『定本柳田國男集』第五巻、筑摩書房
柳田國男一九六三『定本柳田國男集』第六巻、筑摩書房
柳田國男一九六四『定本柳田國男集』第二六巻、筑摩書房
雄山閣一九八一ａ『新編武蔵風土記稿』第一巻
雄山閣一九八一ｂ『新編武蔵風土記稿』第三巻
雄山閣一九八一ｃ『新編武蔵風土記稿』第六巻

総括　史実から伝説への変容

一　はじめに

本書は、歴史の中で記録されない様々な出来事が、地域の伝承としてどのくらいの時期まで正確に伝わり、そして変化していくのかということと、物理的事実としての資料を与えてくれる考古学の成果を中心にして、文献史料・地誌から味付けを求めて、中世東国の一地域像を「伝承と史実のはざま」を探ることによって復元を試み、郷土史と考古学の有機的連携をめざした。

第Ⅰ章において考古学的にみた伝承の時間幅について、風土記編纂の頃の人々がどのように過去に関しての認識をもっていたのかという点に注目し、縄文時代の記憶と古墳時代六世紀前葉の記憶、七世紀の銅鐸の発見から平安時代のアショーカ王の懸鐸とされるまでの推移について検討した。次に、中世居館の廃絶後、近代までの間、その事実がどんな内容として伝承されていったのかについて検討してみた。また、土器の変化が古い要素をどのくらい伝えて次の形に変化していくのか、須恵器の型式変化の持続期間に関して事例を挙げた。そして、鏡を材料にして伝世と伝承の本質的な違いについても論じた。

これらの検討結果として、事実の発生から、現代に至るまでに、伝承の継続段階・忘却と変容の段階・伝説化の段階という三つの過程を考えてみた。

ここでは、この視点に集約して、以降の章で検討してきたことを加味し、さらに論を進めたいと思う。

二　伝承の時間幅についての事例検討

第Ⅱ章では、中野区江古田の地名の由来といわれる、謎の寺「江古寺」について、その伝承地とされる江古田遺跡二〇〇三年調査地区の発掘結果から解明してみた。そして、各種遺構からもこの調査区こそが江古寺であり一三世紀後半から一五世紀前半頃まで存続するものだったという結論を得た。ここに「江古寺」という寺があったという伝承は、地元郷土史家が昭和の初め頃に当時の古老から聞いた話で、明治時代には語られていたことと推察できる。そうすると、この伝承は遺跡廃絶後約四五〇年ほど伝わっていたことになる。また、その廃絶に関しての伝承として江古田原沼袋合戦の兵火によって焼失したという話も古老によって語られているが、合戦の実年代は西暦一四七七年で、遺跡の存続年間より後になることと、前述したように江戸時代にすでにこの合戦のことは忘却されていた可能性が高いことから、この場合の伝承は後から付け加えられたものと考えられるのである。新要素が追加され変容したものといえよう。

第Ⅲ章では、前述の江古田原沼袋合戦に焦点をあてた。まず、この合戦は江戸時代には地元の江古田村の人々にあまり知られていなかった様子が『新編武蔵風土記稿』『武蔵名勝図会』の記述からうかがうことができる。同様に下鷺宮村の字名城山についてもその由来は定かではなく、道灌の砦説は『武蔵名勝図会』の編者による解釈である。つまり、一九世紀の前半には合戦のことについては忘却されていたのである。それは事実から約三五〇年後のことである。

豊島塚については、四ツ塚は、鳥居龍蔵が現地で確認したとおり一九四〇年段階には何の言い伝えもないことが明らかにされている。しかし、豊島塚が多い江古田の西側地域ではこの合戦に関連するものとして伝えられているが、その伝承がいつまで遡り得るのかは記録がなく不明といわざるを得ない。また、中野区野方六丁目にあった大塚が、豊島泰明や赤塚・板橋氏の首実検のあと、それを埋葬した所というような具体的な伝えは、後ほど追加されたものと判断でき説話化されたものの例と考える。やはり、これら豊島塚の伝承は一九世紀初頭の『新編武蔵風土記稿』『武蔵名勝図会』の編者による聞き取り調査の際に、彼らによって、逆に地元に合戦があった事実が伝えられたことが考えられる。その結果から、地元が改めてこの史実を認識したため、土地に残されていた塚に対して一定の評価が生じたものと考えたい。そうすると、事実から約三五〇年から約五〇〇年経た間に変容したものとすることができよう。

現在の練馬区石神井にあたる上石神井村では、石神井城自体が肉眼で確認できるほど遺存していたことと、豊島氏所縁の三宝寺・道場寺が現在もあることなど、石神井城攻めの内容が伝承されるべき基本的土壌がすでに存在している。対岸の台地上の小字城山が道灌の砦であったという具体的な伝承は、城跡と寺の存在が過去の事実の語り部としての役割をもったことの証であろう。

第Ⅳ章では中野区の城山居館跡の実像について検討したが、ここは一九九一年の発掘調査時まで土塁が残っていたこともあり古くから土豪の居館であることは知られていた。しかし、その主が堀江氏であることは、江戸時代中期の古文書により明確にされているものの、近代になってからは平将頼・平忠常・太田道灌などの説が出るようになり、完全に忘却されてしまった。居館廃絶後約三一〇年ほどの間に事実とは違う解釈が生まれ変容したのである。

第V章では、一五世紀末から西暦一六三〇年代までの中野区江古田地域の中心となる村落（御嶽遺跡）について検討を加えた。これらの村落（御嶽遺跡）は一五世紀ころから存続するものであるが、江戸時代初頭の寛永年間にこの地を離れ、相名主制の開始とともにそれぞれ二つの地域に中心地を移して、この段階をもって中世以来の村落は解体していくことを論じた。その後、ここは田畑となり幕末まで続いていくのである。

しかし、ここがかつての地域の中心地であったことについてはまったく伝承がなく、小字に「本村」あるいは別名「対馬山」といった名称を残している点が、現代の視点から、かつての様子を知る唯一の手懸りとなっている。「対馬山」とは、徳川家康が江戸に入ってはじめて行なった天正一九年の江古田村検地帳に記載されている名主対馬の名前にちなんだ名称と考えられる。つまり、後北条氏から徳川政権になったときの初代名主の名を付けた小字名は、その屋敷地周辺であった可能性が高く、また同一地点の別称「本村」も明らかに、村の中心地を指す名称である。「対馬山」は寛文四年（一六六四）の検地帳と幕末の文久二年（一八六二）の村絵図に見ることができ、ほぼ江戸時代全体を通じての小字名であった。それに対して本村はどちらかというと若干新しい段階にはじまり昭和四年まで用いられていた小字名である。いずれにしても、地名に残されているものの、戦国時代に村の中心であった事実は、忘却されている。現在まで換算すると村の解体から約三七〇年が経っている。

以上のことから、少なくとも約三一〇年から三七〇年たつと、起こった事実は忘却され、事実から約三五〇年から約五〇〇年経た間にそれまでにない要素が追加されて、説話化されたものとすることができよう。ただし、石神井の例のように、遺構やそれを語り継ぐ寺院などが絡んでくる場合は記憶は伝承され、一度忘却された記憶が、別な記録から改めて地元に還元される場合もある。

三　史実からの乖離──伝説の形成過程

このように、文字記録を残さない環境の中では、歴史上起こった事実が、やがて正確に伝承されなくなり、あるものは忘却され、あるものは事実にはない要素が追加されて説話化される。そして中には、説話の域を越えて起承転結を伴うストーリーをもった伝説まで進化していくという変遷をたどることができる。さらに伝説化したものもその後、進化を遂げてストーリー性が充実され文学化していくと同時に、もはや歴史事実は表に出ない、目に見えない成分となって埋没していくのである。

第Ⅵ章では、これらの典型的な例として「中野長者伝説」を採り上げた。この伝説は中野区にある成願寺という寺院の縁起に関するもので、史料上最も古いものは明暦元年（一六五五）『成願寺勧進帳』が挙げられる。その内容を箇条書きにすると、中野郷の鈴木九郎は貧しい青年であったが信心深く暮らしていたところ、観音様のご利益によって長者になった。一人娘が大蛇となり、相州最乗寺の春屋《しょうおく》和尚の力によって大蛇は霧消して、九郎は剃髪して成願寺を建てた。再び信心深く生活し永享一二年（一四四〇）に歿した、ということになる。

ところで、前章ではこの『成願寺勧進帳』について、史実としての成願寺の創建との関係については、あまり触れなかったので、ここで述べておきたい。史実としての成願寺の開創は、川庵宗鼎《せんあんそうてい》という禅僧によって文明八年（一四七六）に堂塔が整備されたのがはじまりと考えられている。川庵宗鼎という禅僧は、曹洞宗で永平寺・総持寺に次ぐ巨刹である相模南足柄郡の最乗寺の住職も務めた高僧である（成願寺誌編纂委員会一九八八）。

このことは、川庵宗鼎の頂相が開山像として当寺に残されていることからもうかがわれることで、天文一五年（一五四六）に入滅していることがその銘から判明している。美術史の専門家の調査でもこの年代の画風であることが確認されている（田中・星山ほか一九九六）。

そうすると、それ以前の開創としている明暦元年の『成願寺勧進帳』の内容自体がすでにストーリー化したものとして成立していたことになる。『成願寺勧進帳』で記されている、蛇になった娘を元に戻す春屋《しょうおく》和尚とは実在の高僧で、最乗寺の開山である春屋《しょうおく》宗能である。春屋宗能を寺の縁起に登場させることは、成願寺と最乗寺が深い関係にあったことを強調する意図が感じられる。一五世紀の曹洞宗は布教活動を盛んに展開している時期であり、最乗寺は関東の中心地であったことからも、そことの関係が深い成願寺という寺格を示す必要性があったものと推察されるのである。困った事態を春屋宗能和尚の法力によって解決するというモチーフは曹洞宗の普及にとって必要な要素であったのである。

また、話の中心となる長者の存在については、中世土豪の帰依とその庇護下に寺院が成立するといった事実の反映と考えられる。文明八年頃にこの地域に実在した土豪は『北国紀行』に登場する平重俊が考えられる（中野区立歴史民俗資料館一九九二）。この居館が成願寺の北西方約一・五㎞にある城山居館跡Ⅰ期遺構群の可能性が高いことは前述した。また、伝説に登場する年号、応永年間から永享一二年という年代を史実の反映とするならば、その当時の領主は『米良文書』の江戸氏の庶流中野氏ということなる（永島・小田一九七二）。中野氏も城山居館

Ⅰ期遺構群が居館であった可能性が高いのである。

このように考えると、文明八年（一四七六）から明暦元年（一六五五）までの約一八〇年間にこれらのモチーフが縁起として考案されたのであろう。そしてその内容は長者の没年とされる永享一二年以前の史実を反映させたものと考えられるのである。

明暦元年以降の史料としては天和三年（一六八三）の戸田茂睡の随筆『紫のひともと』に記されている物語が挙げられる。これによると「所の者いひし」こと、つまり土地の人に伝わっていることとしてつぎのような内容が語られている。朝日長者昌蓮が財宝を埋めたが下人がその場所を知っているため殺した。橋を下人が通るのは見られているが帰りを見たものがいないため、その橋は姿不見橋と名付けられた。

姿不見橋とは、青梅街道の神田川にかかる淀橋の別名である。この話は橋の由来に関する伝承であるが、ここに登場する朝日長者とは、いわゆる朝日長者夕日長者伝説と呼ばれる全国的に流布しているものである。このモチーフは中世に急成長した在地土豪に対する一般民のアンチテーゼを内包するものと考えられ、そのために広く共通性をもったものが流布しているものと考えられる。この伝承は本来の橋の由来に朝日長者伝説が合体したもので、この段階ですでに変容が進行しているものと考えられる。中世の土豪の行状がデフォルメされて橋の由来に託され変容したものと考えてよいと思う。

その後、享保一九年（一七三四）の『多宝山成願寺縁起』で、現在伝わっている中野長者伝説のストーリーが完成する。応永年間、鈴木九郎が紀州から中野にやってきた。信心深く暮らしていたら仏のご加護で長者になった。十二社熊野神社を建てた。財宝が有り余りそれを隠しに行くごとに使用人を殺した。そのバチがあたり美しい一人娘が大蛇に変わり、十二社の池に身を投げた。

相州最乗寺の和尚の力によって娘の姿はもどったが天に昇っていってしまった。九郎は剃髪して成願寺を建てた。再び信心深く生活し永享一二年（一四四〇）に歿した。七塔を建てて仏を供養した。

ここで、注目されるのは、前述した『成願寺勧進帳』と『紫のひともと』の説話が合体したことと、さらに新しいモチーフが追加されていることである。それは、長者が紀州の出身であること、現在も存在する新宿区の十二社熊野神社を建てたこと、七塔を建てたことの三点である。紀州と十二社熊野神社は、室町時代のこの地域の領主である江戸氏・豊島氏が紀州熊野那智大社を信仰していた史実を反映している。

塔を建てたことについては、実際に戦前まで三重塔が存在しており、これが中野長者の塔といわれていた。しかし、東京府の調査によって、寛永一三年（一六三六）の建立であることが明らかにされており、この段階に添付されたモチーフということができる。

このように、一つの伝説の成り立ちは、遠い記憶を今語る時にすでに変容をきたしているのである。ここからはじまり、その他の古い記憶や、最近の記憶までもが合体して発達し、人々に好まれるストーリーに変貌し、混合創作物語ともいうべき体裁を持ち史実から乖離してしまうのである。

四　ま　と　め

ある出来事が起きた。その出来事は夫婦喧嘩・兄弟喧嘩のレベルから、集落レベル、地域レベル、国レベルと様々あるだろう。こういった出来事は、時間を経るにつれて忘却されていくわけであるが、早く消滅する順にその出来事の重要性の軽重が反映されるといってよいだろう。

まずそのことが一つ原理として把握しなければならない。それは、第Ⅰ章で、歴史事実の記憶が正確に伝承される時間を約一四〇年ほどと考察したが、現実にはその間に忘却された出来事が数多くあるということである。そういった中で淘汰されて、約一四〇年伝承されてきた事実も、その後三〇〇年間の経過の中、誇張された内容、まったく本来の事実にはなかったことが追加されて変容していくのである。

このことを逆にいえば、この伝承が地域社会の中で強烈な印象をもって生き残ってきたことを示しており、引いてはとても高い次元で人々に理解されていたことになる。その理由は、それらの背景には何らかの歴史事実が内包されており、かつ、その地域にとって重要な出来事であったということなのである。そして、追加される要素は、基本的には伝承されてきた歴史的事実を美化しあるいは卑下し、つまりは抽象性を持たせようという志向性の中から、結果として装飾性を加味した形で完成させようというものである。この追加される要素の中には、別な歴史的事実に基づくものや、その時点での比較的新しい事実も含まれており、その結果、ストーリー性を帯びた伝説として成立するのである。

本書の検討では、この最終段階に至った伝説の成立を江戸時代初頭から中期の類例に求めたが、実際はさらに遡って想定することが可能であろう。何故ならば、現代まで伝承されなかったものも多数存在する可能性があるからである。類例で挙げた伝説も伝承も何らかの形で現代に伝わっているものであり、そこから紐解いていくわけである。しかし、消え去った伝承・伝説が現代的手法でよみがえる可能性も期待しなければならない。それは、伝承・伝説がどんなに荒唐無稽であろうとその根底には史実が反映されていると考えるからである。解明するための手法は、地域伝承とそれを証明しようとする考古学の煩悶によるものしかないのであろう。

さて、そのことはともかくとして、これまでの検討を通して、史実から伝説への変容過程は次のようにまとめることができよう。

Ⅰ段階：伝承の継続段階（史実が正確に伝承される段階で、現代の古老の言い伝えによるもの、風土記から見た岩戸山古墳の記憶、史料から見た中野城山居館跡の事例、須恵器の変化の画期などから史実の後、一二五〜一四〇年後までという結論が得られる。）

Ⅱ段階：忘却と変容の段階（伝承された史実が忘却され、違ったモチーフが加わり内容が変容する段階である。事例としては、七世紀以降の銅鐸の発見とその解釈、中野城山居館跡の城主の各説が認められる時期、江古寺の伝承、江古田原沼袋合戦の伝承などが挙げられ、史実から約三一〇〜四五〇年経った頃と結論する。）

Ⅲ段階：伝説化の段階（史実は内包されているものの、ストーリー性を持つように発達して伝説化する段階である。事例としては中野長者伝説が挙げられ、中世におきた史実からはじまり、いくつかの新要素が追加されながら、江戸時代中期に完成するものである。これは史実の発生から約三五〇年後のことである。）

以上が、考古学・文献史学・民俗学とのコンビネーションから得た、一つの結論である。このことを提示して擱筆する。

【参考文献】

田中義恭・星山晋也ほか一九九六『中野区の仏教美術』中野区教育委員会
成願寺誌編纂委員会一九八八『中野長者の寺　成願寺』多宝山成願寺
永島福太郎・小田基彦校訂一九七二『熊野那智大社文書　第一　米良文書一』続群書類従完成会
中野区立歴史民俗資料館一九九二『中野を読むⅠ—江戸文献史料集—』中野区教育委員会

あとがき

本書は、筆者が奉職している地域の区民講座などで講演した内容や、携った発掘調査の成果を加えて構成、書き下ろしたものである。講座などで話をして、痛切に感じることは、考古学と文献史学と民俗学の分野の中で、考古学が一番、聞き手に理解しにくいという点である。これは、話の下手なこともあるが、考古学には、どうして年代がわかるのか、どうして遺跡が発見されたのかなど、どうしてという部分についての基本的知識がないと理解できないと同時に、そのどうしてが実は考古学の中では基本的なテーマであることを一般の人々にはあまり知られていないからである。そのため、聞き手にとっては、あまりにも前提となる知識量が多いわりには、性質上、断定を避けるという部分が、あいまいな印象を持たせてしまうのであろう。話が旧石器時代や縄文時代であれば、あいまい性は許してもらえるであろうが、それ以降、特に話が中世以降となるとそうはいかない。

すでに歴史事実は文献史料から明らかにされているし、一般の人々にはこの時代のマニアも多い、その上何が考古学かということになる。しかし、ここが考古学の真価を問われる正念場の時代なのである。そこで、考古学が、歴史学の中で物理的に証明する唯一の手法である特長を生かして、伝承の証明という観点から、中世史そして民俗学とコンビネーションを組み、何か形にすることができるのではないかと考えたのである。

筆者の専門分野は、弥生~古墳時代の変革期の考古学であるが、常々、時代の変革期において、伝統性がどのように継続されていくのかについては関心の一つで、その視点で土器を資料として検討を続けている。このことに関連して、本書では、伝統性の残存と変容について、歴史事実が後世にどのように伝承されていくのかという観点に置き換えて、三段階の変遷過程を提示した。その中で、事実が比較的正確に記憶される期間が約一五〇年という結論に関しては、伝統性の継続時間の基準としての物品である土器研究に援用できる可能性を感じている。

本書を草するにあたって、三隅治雄先生、石井則孝先生はじめ中野区教育委員会・中野区立歴史民俗資料館の日頃のご厚意、および多くの方々にお世話をいただいたので、感謝の意を表したい。また、本書の刊行を多くの出版計画がありながら快諾いただいた宮島了誠編集長をはじめとした株式会社雄山閣の方々には深く御礼を申し上げる。

平成一八年一〇月一日

比田井克仁

【著者略歴】
比田井克仁（ひだい・かつひと）
1957年　東京都生まれ
1980年　早稲田大学文学部卒業
　　　　東京都埋蔵文化財センター調査研究員
1987年　中野区教育委員会博物館開設担当学芸員
2002年　法政大学大学院人文科学研究科日本史専攻博士課程満期退学
　　　　学位取得（文学博士）
　　　　この間、実践女子大学・早稲田大学・東京大学非常勤講師
現　在　中野区立歴史民俗資料館学芸主査
　　　　国士舘大学非常勤講師
〈主な著作〉
『土器がかたる－関東古墳時代の黎明』（共著）第一法規、1997
『関東における古墳出現期の変革』雄山閣出版、2001
「関東・東北南部の土器」『考古資料大観』2、小学館、2002
「三世紀における畿内の関東系土器」『初期古墳と大和の考古学』学生社、2003
『古墳出現期の土器交流とその原理』雄山閣、2004

伝説《でんせつ》と史実《しじつ》のはざま―郷土史と考古学

2006年11月5日　印刷
2006年11月20日　発行

著者　比田井　克仁
発行者　宮田哲男
発行所　株式会社　雄山閣
〒102-0071　東京都千代田区富士見2－6－9
振替：00130-5-1685　電話：03(3262)3231
FAX 03－3262－6938
組版　株式会社富士デザイン
印刷　株式会社秀巧堂
製本　協栄製本株式会社

ISBN4-639-01955-6 C1021